주님께 강청하오니

An Appeal To Heaven
© Copyright 2015 by Dutch Sheets
All right Reserved.
Published by Dutch Sheets Ministries
P.O. Box 764898 Dallas, Texas 75376
All right Reserved.
Korean Translation Copyright © 2015 Tabernacle of David.

이 책의 한국어판 저작권은 다윗의장막미디어에 있습니다.
저작권법에 의해 한국에서 보호받는 저작물이므로 무단전재와 무단복제를 금합니다.

주님께 강청하오니

서문 · 6

세대가 이루어 내는 시너지 효과 · 18

이야기 속으로 들어가기 · 32

병든 역사의 치유 · 44

영원하신 하나님 · 56

상록수 · 74

준비되었는가? · 96

서문

메시지

2013년이 거의 다 지나갈 무렵 13년 동안의 영적인 여정이 거의 막바지에 다다랐음을 깨달았다. 이 영적 여정은 기도 중에 시작되었고 국기에 대한 단상으로 막을 내렸다. 아주 오래되어 잊혀진 깃발! 모두에게 잊혀졌지만 하나님만이 기억하고 계시는 바로 그 깃발! 하나님께서는 이 깃발을 다시 부각시킬 준비가 완료될 때까지 역사의 날개 그늘 아래 200여 년 동안 숨겨 둔 상태로 잘 보관하셨다.

그리고 드디어 하나님께서 고이 간직하셨던 그 국기가 나타났다.

이 국기는 가정과 기도실, 예배실과 정부 청사, 그리고 일터에서도 쉽게볼 수 있다. 인디애나 주에 있는 한 교회에서는 가로 50피트에 세로 30피트 크기로 국기를 따로 제작하였고 내게도 하나를 만들어 주었다. 어떤 교회에서는 현관에 세워 둔 크리스마스 트리에 작은 크기의 이 국기들로 장식하기도 했다. 수많은 사람들은 성경책에 이 국기들을 책갈피 대신 꽂아 두기도 하고 게시판에 압정으로 단단히 고정시켜 놓거나 책상의 잘 보이는 곳에 세워 두기도 했다. 또 어떤 이들은 이 국기 모양의 옷 장식을 달기도 하고 국기가 새겨진 셔츠를 입기도 했다. 차 범퍼에 스티커로 붙여 자랑하기도 하고 심지어 자신의 팔에 타투로 새기기까지 했다. 법관이나 국회의원들뿐만 아니라 정부 관계자들도 예외는 아니다. 늘 곁에 이 국기를 걸어 두고 있으며 미국 국회의사당에도 걸려 있다. 또 하나는 아칸소스 주의 국회의사당 하늘을 누비며 펄럭이고 있다. 언젠가 길을 가다 하늘을 향해 호소하는 이 국기를 대형 트럭 뒤에서 마주하기도 했다. 국기가 온 사방으로 퍼져가고 있는 것이다.

국기는 두말할 것도 없이 미국의 건국과 밀접한 관계가 있다. 하지만 하나님께서는 미국에서만 이것을 사용하길 원하신 건 아니다. 이 책의 표지에는 지구상에서 가장 높은 히말라야의 수많은 불교 깃발들 속에서 휘날리고 있는 이 국기의 위용을 담았다. 그뿐만이 아니다. 이 국기는 니느웨의 평지에서도 휘날리고 있고 최초로 지역의 변화를 통해 부흥을 맛본 남아프리카와 파나마에서도 펄럭이고 있다. 최근에는 캄보디아에서 인신매매 반대를 위한 기도에도 사용되었다. 그렇다면 다음은 어디일까? 이 깃발은 하나님께서 특별히 미국에 부어 주신 영적인 빛들이 온 세상으로 나아가게 하는 데 사용될 것이다.

깃발에 담긴 메시지

사실 이 국기는 지금보다도 과거 역사 속에서 더 큰 의미로 사용되었다. 이 국기는 상징하는 바가 뚜렷하다. 색깔과 디자인 모두가 말하고자 하는 이야기를 충분히 부각시킨다. 국기는 신성한 존재이다. 사람들은 국기를 향해 맹세를 하고 국기의 명예를 지키기 위해 목숨을 걸기도 한다. 이러한 깃발은 종종 선언문과 같은 기능을 한다. 미국 식민지 초기 시대의 국기에는 똬리를 틀고 있는 뱀 그림과 함께 "나를 밟으려 하지 마!"라는 문구가 새겨져 있었다. 이 깃발은 대영제국을 향해 "조심하라. 짓밟으려 한다면 우리도 가만히 있지 않겠다!"라는 경고문의 역할을 했던 것이다.

내 인생의 여정 역시 미국의 역사와 더불어 때때마다 각기 다른 모양의 국기를 소유했던 미국의 지난 역사와 긴밀한 관계를 맺어 왔다. 그리고 지금 나는 하나님께서 주신 이 나라의 운명과 목적에 특별히 더 가까이 맞닿아 있다.

하나님께서 특별한 목적을 가지고 미국을 세우셨다고 말한다면 근대 진보당과 역사 수정주의자들, 자유주의 정치가들과 인본주의 교수진영 모두가 비웃을지도 모르겠다. 그들은 이 나라의 설립자들이 하나님과 인간 사이의 동반자 관계를 믿고 이를 존중했었다는 말을 들으면 코웃음을 칠 것이다. 하지만 존 아담스는 "진실은 결국 밝혀진다."라고 말했다.[1]

이 근대주의자들은 우리 나라의 기원을 좋아하지 않을 수도 있다. 하지만 그렇다고 해서 진실이 바뀌지는 않는다. 성경의 하나님, 바로 그 여호와께서 미국 건국과 깊은 관계를 가지고 계시며 자신의 목적을 이루기 위해 이 나라를 세우셨다.

하나님께서 내 인생 여정 가운데 하늘을 향해 호소하는 깃발을 보여 주셨을 때 또 다른 흥미진진한 인생의 새로운 부르심이 시작되었다.

바로 미국이 세 번째 영적 대각성의 시기를 경험하게 될 것이라는 부르심이었다. 하지만 이 영적 각성은 미국만을 위한 것이 아니다. 하나님께서는 다른 민족들 역시 미국인들만큼이나 사랑하신다. 이 부흥은 역사가 시작된 이래로 넘치는 성령의 기름 부으심을 통해 전 세계를 휩쓸 것이다.

미국 근대사에서 의미 있게 다루지는 않았지만 조지 워싱턴 장군이 독립 전쟁 당시 하나님을 향해 외치는 깃발을 해군 함정에 매달았을 때 240년이 지난 이후 하나님께서 다시 그 깃발을 휘날리게 하실 것이라는 사실을 어렴풋이 알고 있었을 것이다.

이번에는 신생국가가 아닌 세상에서 가장 강력한 나라 위에서 휘날리게 될 것이다. 다시 태어난 이 나라는 자유주의를 통해서가 아니라 영적으로, 그리고 도덕적으로 새롭게 될 것이다. 하나님께서 부르신 그 목적대로 위대하게 다시 부활할 것이다.

늦지 않았다!

어떤 기독교 지도자들은 각자의 신학 사조의 잣대로 미국은 다시 각성하지 못할 것이고 하나님께로 돌아가지도 않을 것이며 그렇기 때문에 자신의 영적인 운명을 감당하지 못할 것이라 가르치고 있다. 그들의 종말론으로는 '회복'이란 불가능하다. 미국의 변절은 갈수록 악화될 것이라 여긴다.

세상의 지도자들 역시 개인적인 욕망이 밑받침된 이념적인 열정을 바탕으로 이런 식의 부흥은 다시 일어나지 않을 것이라고 주장하고 있다. 그들은 미국은 이미 한참 앞서 가고 있다 여기며 자기 만족에 빠져 있다. 그러면서 구시대적인 청교도주의와 이미 지나가 버린 신념 따위는 버리라고 말한다. 이런 습관적인 회의주의자들은 자아도취에 빠져 만족스런 눈빛으로 우리 나라가 본연의 신념으로부터 얼마나 멀리 떠내려와 있는지에 대한 연설을 늘어놓는다. 세속주의자들과 인본주의자들은 거들먹거리며 상대주의와 비성경적인 가치로 우리의 도덕관념은 변화하는 중이라고 지적하고 있다. 이런 현대주의자들은 고소해하며 오만하게 목소리를 높여 외친다. 우리 정부는 더 이상 '상상 속의' 창조주 아래 있다고 여기지 않으며 심지어 하나님의 영감으로 탄생했다고 여기는 헌법조차 구시대적인 발상이라 여긴다는 것이다.

사실 대다수 미국 시민들은 역사에 대해 거의 관심이 없다. 우리의 정체성을 이미 표류하며 방랑하고 있는 국가에 기반으로 둘 필요가 없다고 여긴다. 하나님은 수많은 정보보다는 역사 그 자체에 더 관심이 크시다. 그러니 과거야말로 소중한 닻이 되어 줄 수 있다. 그런데 미국은 이런 안정감 없이 세속적인 경험주의의 바닷속에서 정처 없이 떠돌아 다니고 있다. 그들 스스로 만들어 놓은 환상과 망상 속에서 이리저리 헤매고 있는 것이다. 사실 하나님 없는 미국의 자아 도취적 자립심은 우리를 영적 도덕적 파산 상태로 몰고 왔다. 우리는 그동안 우리의 창조주를 배제한 상태에서 삶의 의미를 찾아보려 애써 왔다.

하지만 창조물들의 존재 목적은 오직 창조주 안에서만 발견할 수 있기에 이 모든 탐색은 실패할 수밖에 없다. 어떻게 규정할 수 있겠는가? 결국 엄청난 정체성의 위기에 직면하고 말 것이다. 미국은 이러한 정체성을 상실한 채 위대함을 잃어버리고 세상과는 상관없는 운명 속으로 빠져들고 있다.

현실을 인정해야만 한다.

소망을 가지다

그렇다면 도대체 왜 이런 엄청난 진단을 내리게 되었을까? 더 이상 소망을 가질 수 없다는 이야기일까? 오히려 그 반대이다. 나에게는 미국에 대한 소망이 있다. 나락으로 떨어져 내려가는 그 깊이가 어떠하든 그것이 미국을 회복시키실 하나님의 능력을 결정지을 수 없기 때문이다. 나는 강한 진을 두려워하지 않는다. 그 크기와 힘이 어떠하든 역사를 일으키실 하나님의 능력은 측정 불가능할 정도이기 때문이다. 나는 절대로 위축되지 않는다. 통계학적으로 성공과 실패의 비율이 어떠하든 하나님께서 개입하시기만 하면 이 모든 것은 아무런 영향도 미칠 수 없기 때문이다. 하나님의 무한한 능력은 어떠한 종류의 "가능성"이라도 무색하게 만든다. 앞서가고 있다고 여기는 어떠한 패라도 모두 뛰어넘는 수를 가지고 계시기 때문이다.

국기 세대라 일컬어지는 시대에 미국의 식민지 주민들은 당시 세계를 주름잡던 대영제국과의 전쟁에서 이길 공산이 없었다. 하지만 절망적인 운명을 뛰어넘어 하늘을 향해 부르짖기로 결정한 순간 패배의 가능성은 더 이상 효력을 발휘하지 못했다. 엉성하게 준비되어 형편없기 짝이 없었던 혁명가들이 빼앗길 수 없는 권리를 주시는 하나님을 향해 도움을 호소했을 때 전쟁의 판도가 뒤바뀌었던 것이다. 벤저민 프랭클린이 헌법 제정 회의에서 선언하였던 것처럼 그들이 하나님의 통치 아래 하나님의 방법을 따르기로 동의했을 때 '인간사를 주관하시는 하나님'께서 바로 그 일을 이루어 내신 것이다. 주님의 다스리심을 선언하며 프랭클린은 이렇게 말했다.

"이 싸움과 관련된 사람 모두 하나님의 도우심 아래 전세가 역전되는 상황을 자주 목격했다."[2]

심지어 국가의 기틀을 잡았던 설립자들은 강한 신앙의 소유자들이 아니었다. 프랭클린 역시 마찬가지였지만 하나님의 도우심 덕분에 전쟁에 승리할 수 있었다는 사실을 인지하고 있었다.

그리고 그것을 증거하기 위해 국기에 그 내용을 표시했다.

'하나님의 다스림'은 오늘날에도 마찬가지로 가능하다. 우리의 허물과 수많은 실패들 속에서도 하나님은 여전히 미국을 돌보신다. 최초의 인간인 아담에서부터 사도 바울에 이르기까지 불완전한 사람들도 하나님께서 사용하신다는 사실을 역사 속에서 찾아볼 수 있다. 국가들도 마찬가지이다. 미국이 상처와 결함투성이일지라도 우리는 계속해서 하나님의 신령한 목적을 붙잡아야만 한다. 그래야 우리를 다스리시는 하나님께서 미국에게 부여하신 목적을 어떻게 하면 다시 부활시킬 수 있을지 확실히 알 수 있다.

하나님을 잃게 만드는 그 어떤 종류의 신학이나 교리도 허용해서는 안 된다!

여러분이 이 책을 읽는 동안 소망에 눈이 뜨일 수 있기를 기도한다. 소망은 마치 세상 가운데 뿌려지는 씨앗들처럼 마음속에 뿌려지는 것이다. 소망이 없다면 삶은 메마르고 열매를 맺을 수도 없다. 꿈을 꿀 수도 없으며 우리의 운명은 절대로 현실화되지 못한다. 소망은 출발선이며 도약할 수 있는 발판이다. 믿음이 움틀 수 있게 하는 모판이며 우리의 영혼이 계속해서 꿈꾸게 하는 창조적인 힘이다.

이 깃발이 다시 출현하게 된 것은 소망을 일깨우기 위한 하나님의 의도임을 의심할 여지가 없다.

나는 소망한다. 그리고 꿈을 꾼다. 미국이 다시 일어나 온 세상 가운데 환한 빛을 비추어 줄 수 있으리라 믿는다. 이 꿈은 하나님의 마음에서 비롯된 것이며 순례 길을 떠난 소수의 이민자들에게 뿌리내려서 하나님께서 여전히 붙잡고 계신다고 믿는다. 내가 꾸고 있는 이 꿈을 여러분도 같이 꾸길 원한다. 이 나라를 세우는 데 주축이 되었고 아직도 우리의 삶과 깊은 연관이 있으며 우리의 미래를 위해 놀라운 계획을 가지고 계신 '하나님의 다스리심' 가운데 동참하길 바란다.

조상들이 따랐던 진리의 길을 잃고 붕괴의 벼랑 끝에서 아슬아슬하게 서 있을 때 우리는 회복을 위한 전쟁을 향한 거룩한 부르심에 응했다. 우리 조상들이 그러했듯이 그 어떠한 역경 속에서도 하늘의 법정 앞에 서서 온 세상을 심판하시는 하나님을 향해 구원의 은혜와 긍휼하심과 영원하신 능력을 부르짖어 구해야 한다.

이 운동에 여러분 모두가 함께 하길 바란다. 하나님을 향해 외치라!

이 사람들은 다 믿음으로 말미암아 증거를 받았으나 약속된 것을 받지 못하였
으니 이는 하나님이 우리를 위하여 더 좋은 것을 예비하셨은즉 우리가 아니면
그들로 온전함을 이루지 못하게 하려 하심이라
히브리서 11:39-40

 세대가 이루어 내는 시너지 효과

성령님께서는 탁월하면서도 자애로운 교사이다. 오류를 범하기 쉬운 인간들에게 이해하기 어려운 내용들을 알기 쉽게 전달할 책임을 지닌 성령님께서는 놀라운 기술과 은혜와 인내로 자신의 할 일을 하고 계신다. 주님께서는 자신의 모든 생각을 기도뿐만 아니라 성경 말씀과 한밤중의 꿈을 통해서도 우리의 영혼 가운데 알려 주실 수 있다. 또 어떤 경우에는 우리의 인생 여정을 통해 친절하게 말씀하시기도 한다.

나는 이러한 여정을 걸어 본 적이 있다. 13년 전 주님께서는 시간의 본질에 대해 나에게 말씀하셨고 펼쳐져 있는 그 시간들 속에서 자신의 생각을 증명해 보이려 하셨다. 솔직히 여정이 시작되었을 때 이 여행에 대한 하나님의 마음을 이해하고 있었지만 과연 이 여정이 끝날 수 있을까 의구심이 들긴 했다.

2001년 텍사스 주 달라스에 있는 열방을 향한 그리스도 대학(Christ For The Nations Institute, CFNI)에서 강연을 요청 받았던 적이 있다. 이 대학은 아내 세시와 내가 1977년에 처음 만난 곳이기도 해서 아주 특별하게 여기고 있었다. 그 당시 나는 훈련을 받기 위해 이곳에 왔었고 그 자리에서 아내를 알게 되었다. 대단하지 않은가! 그 외에도 여러 가지 이유로 인해 앞으로도 CFNI는 소중하게 내 마음 한 켠에 자리하게 될 것이다.

허다한 증인들과 함께

나는 CFNI가 일구어 놓은 유산들을 사랑한다. 고든 린제이가 1970년에 설립한 이 성경 대학은 말씀을 사모하는 그의 마음이 고

스란히 훈련 과정에는 젖어들어 있고 그의 기도 생활과 선교 및 전도에 대한 열정들이 그대로 담겨 있다. 또한 전 세계에서 표적과 기사가 일어나길 염원하는 그의 열망 또한 읽을 수가 있다. 린제이는 이러한 신념들을 모두 담아 전 세계 가운데 일어나고 있는 치유와 부흥에 관한 이야기를 담은 '보이스 오브 힐링'(Voice of Healing)이라는 잡지를 발행하기도 하였다. 그는 1973년에 작고하였으나 CFNI는 여전히 성장해 가고 있다.

2001년 이 학교의 학생들에게 강연을 하면서 고든 린제이가 CFNI를 설립했을 때의 그 기본 정신을 온전히 따르지 못하고 있다는 생각이 들었다. 이 학교가 죄 가운데 있다든지 변절한 상태라는 의미가 아니었다. 이 학교에는 예수님을 사랑하는 훌륭한 행정가들과 교수들, 그리고 학생들로 가득했다. 나는 단지 하나님께서 의도하신 것을 온전히 경험하지 못하고 사는 우리에게 가끔 일어나는 일들에 대한 것을 느꼈을 뿐이다. 처음 시작했던 그 뿌리에 다시 굳건히 고정되어야 할 것 같은 그런 느낌 말이다.

이런 부담감을 안고 결국 강연 중 한 시간을 따로 빼서 기도하는 모임을 가지게 되었다. 주님께서는 그 어떤 교사의 가르침보다 기도를 통해 더 많은 것을 가르쳐 주실 수 있다. 그때그때의 상황에 따라 엄청난 통찰력을 주시기 때문이다.

아니나 다를까. 학생들을 중보 기도 가운데 인도하고 있는데 주님께서 다음과 같이 내게 속삭이시는 음성을 듣게 되었다.

"고든 린제이의 생각에 동의하는 기도를 하면 좋겠구나."

나는 깜짝 놀랐다. 고든 린제이는 이미 30년 전에 돌아가시지 않았는가!

"주님, 정말 주님께서 말씀하고 계시는 겁니까? 그는 이제 더 이상 이곳에 있지 않습니다. 하늘 나라에 있지 않습니까?"

나는 이렇게 물었지만 지금 생각해 보면 주님께 질문하고 설명하려 했던 그 시도 자체가 우습게 느껴진다. 어쨌든 그 당시에는 분명하게 확인하고 싶었다. 그래서 반복해서 이렇게 말할 수밖에 없었다.

"주님, 고든 린제이는 죽었다고요. 기도 가운데 그를 언급할 수가 없습니다."

하지만 하나님의 뜻은 분명했다.

"하지만 그의 기도는 죽지 않았단다."

나는 당황했다. 만약 여러분이 나에게 고든 린제이의 기도가 그와 함께 죽었다고 생각하고 있느냐고 묻는다면 당연히 그렇지 않다고 대답할 것이다. 하지만 이 질문이 나를 기만하려는 의도가 담겨 있지는 않은지 의아해할 것이다.

주님께서는 계속해서 말씀하셨다.

"린제이가 나에게 요청했던 기도에 이 세대가 동의할 때까지 나는 그가 했던 기도를 들어줄 수 없구나."

하나님의 말씀은 내게 큰 충격을 안겨다 주었다. 어떻게 하나님께서 "들어줄 수 없다."라고 말씀하실 수 있을까! 하나님께서는 거듭 이 세대가 린제이의 기도에 동의하지 않는다면 "그의 기도를 들어줄 수 없다."라고 말씀하셨다. 나의 생각을 바꿀 때까지 그 어떤 것도 하실 수 없다는 하나님의 뜻은 변함이 없었던 것이다.

이루어지지 않은 약속들

나는 히브리서 11장에 기록된 믿음의 영웅들과 그들의 놀라운 공적에 대해 묵상하기 시작했다. 그런데 흥미로운 사실을 발견하게 되었다. 믿음의 영웅들 가운데 어떤 이들은 자신이 받은 약속들이 성취되는 것을 직접 보지 못한 것이다. 나에게는 이런 사실이 다소 모순처럼 느껴지곤 한다. 하지만 하나님께서는 역사 속에서 믿음의 거장들의 삶을 부각시키실 때 그 중 어떤 이들은 하나님께서 주신 약속들이 이루어지는 것을 경험하지 않게 하셨다. 이 사람들은 비록 명예의 전당에 오르긴 했지만 하나님으로부터 온 약속들을 깨닫지 못한 상태로 무덤에 들어갔다. 사실 그들이 걸었던 믿음의 삶이 불완전해 보이지는 않는다. 그렇다면 왜 그들은 약속이 이루어지는 것을 보지 못한 채 죽어야만 했을까?

히브리서 11장 마지막 구절들 가운데 놀라운 답이 있음을 알게 되었다.

> 이 사람들은 다 믿음으로 말미암아 증거를 받았으나 약속된 것을 받지 못하였으니 이는 하나님이 우리를 위하여 더 좋은 것을 예비하셨은즉 우리가 아니면 그들로 온전함을 이루지 못하게 하심이라 (히브리서 11:39-40)

이 얼마나 놀라운 말씀인가? 현대를 사는 우리에게도 각자 이러한 부르심과 임무가 있다. 여기서 '온전함'이라는 단어는 헬라어로 '끝냄, 성숙함, 목적을 향해 다다름'이라는 뜻도 함께 가지고 있다. 이 말씀을 통해 얻어지는 파생 결과를 생각해 보라. 우리 없이 하나님께서는 믿음의 성인들을 통해 시작하신 그 일들을 완성하실 수 없는 것이다. 믿음의 경주를 하기 위해 바통을 이어받아 우리의 다리로 직접 달릴 때까지 하나님께서 시작하신 일들은 그 목적을 달성할 수 없다. 정말 신나는 일이지 않은가!

하나님께서는 그들 각자에게 약속을 주셨다. 하지만 언제 그 약속이 이루어질지에 대해서는 알려 주지 않으셨다. 하나님께서는 그들이 살아 있는 동안 약속을 이루어주시겠다 말씀하지 않으셨다. 그들 모두는 분명히 약속이 이루어지는 것을 보고 싶어 했을 것이다. 시간을 초월하시는 영원하신 하나님은 때때로 그 약속들이 우리 각자보다 이 약속을 통해 하나님의 본성을 어떻게 반영하며 전체 시간 속에서 어떻게 조화를 이루어 가야 할지를 생각하시며 말씀하신다. 가끔은 그들의 자녀 혹은 자손들이나 영적인 후손들을 통해 그 약속이 전승될 것이라 말씀하시기도 한다. 수십 년 전 어떤 목사나 교사가 시작했던 일들 가운데 내가 그 응답을 보게 되는 일이 있다면 그

것은 무엇일까? 어쩌면 깃발을 흔들며 전쟁터를 누볐던 전사와 맺으셨던 하나님의 약속이 이루어지는 것을 내가 보게 되지는 않을까?

우리들이 인식하고 있는 것보다 훨씬 더 긴밀하게 각 세대들은 상호 연결되어 있다. 하나님께서는 후손들을 통해 우리와 함께 하고 계시는 그 일들을 성취해 가신다. 우리의 근시안적인 사고방식으로는 그저 하나님께서 잠시 동안 혹은 이 세상을 떠나기 직전까지 우리에게 맡기신 그 약속들을 어렴풋하게 볼 수 있을 뿐이다. 모든 것을 초월하시는 하나님께서 고작 80년 정도 되는 우리의 삶 속에서 긴박하게 자신의 생각을 모두 나누려 하신다고 생각해서는 안 된다. 약속을 이뤄 가시는 그 시간 동안 하나님께서는 전혀 요동하거나 서두르지 않으시고 우리의 자손들을 통해 그 약속을 성취한다 할지라도 결국 그 모든 것이 그들뿐만 아니라 우리를 위한 것임을 알고 계신다.

이와 반대로 성경은 또 우리에게 오래 전 세대들이 이미 취했던 행동들과 이루었던 업적을 통해 그들을 따르는 이들이 혜택을 보기도 한다고 말한다. 히브리서 7장 9절에서는 레위 자손들은 이미 조상 아브라함을 통해 십일조를 모두 낸 것과 같다고 기술하고 있다.

이러한 사실로 미루어 누군가 이미 지불한 대가를 통해 우리가 어떠한 축복을 경험하고 있는지 궁금해지기도 한다. 내가 몸담고 있는 이 세상의 한계선을 뛰어넘는 영적인 여정이 있음을 기억하라. 우리 앞에 일어나는 일들을 무심코 지나치지 말고 긴밀한 관계를 가져보라. 다가올 미래에 어떠한 영향을 끼칠지 모르기 때문이다. 우리 자신의 눈이 아닌 하나님의 관점으로 시간을 바라본다면 우리의 기도에 한계란 있을 수 없다. 결국 모교인 CFNI를 위해 기도했을 때 하나님께서 고든 린제이에게 하셨던 약속을 이루어 주실 수 없다고 말씀하신 이유를 깨닫게 되었다. 하나님께서는 다음 세대인 우리가 그 다음 역할을 감당하기 원하며 기다리셨던 것이다.

세대가 이루어 내는 시너지 효과

하지만 성령님의 가르침은 여기에서 끝나지 않았다. 성령님께서는 나의 불완전한 이성을 일깨우기 위해 일곱 가지의 구절을 말씀하셨다. 이 일곱 구절 때문에 다시 미궁에 빠지고 말았다. 그리고 계속해서 머릿속으로 이 말들을 되새겼다.

"나는 각 세대가 이루어 내는 시너지가 필요하단다."

나는 곧바로 물었다.

"네? 무엇이 필요하시다고요?"

이 기도 시간을 통해 교사로서 지니고 있던 개념과 패러다임의 틀이 완전히 깨어지고 있었다. 그리고 하나님을 상자 속에 가두어 두었던 이성의 테두리 밖으로 뛰어나오게 만든 신학적인 난제들을 짊어지고 걸어가는 13년 여정이 바야흐로 시작되고 있었다.

도대체 '세대가 이루어 내는 시너지'는 무엇을 의미하는 것일까?

조심스럽게 질문을 던졌다.

사실 '시너지'라는 단어는 대단히 흥미로운 의미를 담고 있다. 이 단어를 생각할 때면 함께 노력해서 이루어 내는 엄청난 힘이 떠오르게 된다. 이 세상에서는 거의 모든 상황 속에서 하나와 하나가 만나면 둘을 이루게 된다. 하지만 사람들이 무언가를 함께 할 경우 단순히 그 합만을 이루어 내지는 않는다. 둘 혹은 그 이상의 사람들이 서로 힘을 합했을 때 그 힘과 능력은 배가된다. 그저 합으로 끝나는 것이 아니다. 하나님께서는 한마음으로 하나가 되는 것을 원하시기 때문에 우리가 무언가를 함께 하기만 해도 그 힘이 배가될 수 있는 환경 조건을 만들어 내셨다.

'시너지'는 자연 세계에서만 통용되는 것이 아니다. 영적인 세계에서도 존재한다. 기도가 바로 그 좋은 예이다. 영적인 시너지는 기도 가운데 두 명 혹은 그 이상의 동의가 이루어졌을 때 일어난다. 그리고 그 결과 우리가 혼자 기도했을 때보다 갑절이나 되는 능력을 경험할 수 있게 된다. 레위기 26장 8절에서도 이러한 힘에 대해 이야기하고 있다.

> 또 너희 다섯이 백을 쫓고 너희 백이 만을 쫓으리니 너희 대적들이 너희 앞에서 칼에 엎드러질 것이며

수학적으로 따지면 말도 안 되는 일이지만 이것이 영적으로 지닌 힘은 실제로 놀랍다. 생각해 보라. 어떻게 다섯 명이 백 명을 상대할 수 있겠는가? 수학적으로 한 명당 스무 명을 책임져야 한다는 말이 아닌가? 그뿐만 아니다. 이렇게 계산한다면 백 명이 상대할 인원은 이천 명이지 만 명이 아니다. 하지만 함께 마음을 모았을 때 시너지가 일어나게 된다면 뭔가 평범하지 않은 초자연적인 일이 발생한

다는 사실을 말하고 있는 것이다. 우리가 기도 가운데 마음을 모으면 우리가 가진 능력은 폭발적으로 증가하게 된다.

이러한 시너지 효과는 각 세대들이 서로 연합했을 때 일어나게 된다. 부모님을 공경하면 이 땅에서 살 수 있는 연수가 늘어나게 된다고 성경은 말한다.(에베소서 6:1-3) 또한 부모에게 마음을 돌이키지 않는다면 저주가 임할 것이라고 경고하고 있다.(말라기 4:6) 영적인 책임, 즉 부르심과 은사는 세대간의 시너지를 통해 그 영향력이 배가되기도 한다.(열왕기하 2:9) 하나님은 현 세대를 위해 이전 세대부터 그 힘을 쌓아 둘 계획을 가지고 일하신다. 바로 이것이 세대가 이루어 내는 시너지 효과이다. 세대간의 연합과 존중을 통해 그 힘은 배가된다.

알 샌더스의 책 '도덕성의 위기'(Crisis in Morality)에는 맥스 주크스와 같은 시대를 살았던 유명한 설교가인 조나단 에드워드와 그의 자손들을 비교 연구한 내용이 실려 있다.

"맥스 주크스는 부도덕한 소녀와 결혼하여 낳은 자손들 가운데 310명의 극빈자와 150명의 범죄자, 7명의 살인자와 100명의 알코올 중독자들을 배출했으며 그 가운데 반 이상의 여인들이 창녀가 되었다.… 조나단 에드워드는 맥스 주크스와 같은 시대를 살았으며 경건한 여인과 결혼을 하였다. 그리고 1,394명의 자손들을 추적하여 조사한 결과 이 가운데 13명이 대학 총장이 되었고 65명은 교수가 되었으며 3명은 미국의 상원 의원이 되었고 30명의 판사와 100명의 변호사, 60명의 외과 의사와 75명의 군인 및 해군 장교가 되었다. 또한 100명의 목사와 선교사들을 배출했으며 60명의 유명한 작가들이 나오기도 했다. 80명이 공직에 종사하고 295명이 대학을 졸업했다. 이뿐만 아니라 해외에서 주지사나 행정 관료로 일하는 사람들도 있다."[2]

이보다 더 확실한 증거가 있을 수 있겠는가? 성공과 은혜와 축복은 세대를 통해 계속해서 배가되고 있는 것이다. 하지만 이러한 측면을 간과한다면 하나님께서 써 내려 가고 계시는 세대간의 이야기들을 산산조각 내버리고 말 것이다.

그날 CFNI에서 들은 성령님의 음성을 통해 시너지 효과를 일으키는 기도가 어떠한 것인지 알게 되었다. 내 옆에 있는 형제 자매의 기도에 동참했을 때 일어나는 엄청난 힘에 대해서도 알게 되었다. 내 뒤에 있는 세대들과 마음을 합할 때 어떠한 일이 일어나는지 그

동안은 잘 알지 못했다. 세대가 이루어 내는 시너지 효과라는 개념 자체가 내 머릿속에 존재하지 않았던 것이다. 하나님께서 이 원리를 일깨워 주시는 순간에 앞으로도 하나님께서 이 학교에서 일으키실 일들은 멈추지 않을 것이라는 사실을 깨달았다. 그런데 하나님께서 모든 일을 마무리하시기 전에 성령님께서는 나에게 다가와 우리나라의 설립 목적을 깨닫게 하시며 역사를 통해 이루어 가고 계시는 하나님의 뜻에 동참할 것을 요구하셨다.

하나님의 부르심 가운데 그동안 잊혀졌던 깃발이 이 모든 과정에서 얼마나 중요한 역할을 하게 될지 깨닫기 시작하고 있었다.

> 그가 아버지의 마음을 자녀에게로 돌이키게 하고 자녀들의 마음을 그들의 아버지에게로 돌이키게 하리라 돌이키지 아니하면 두렵건대 내가 와서 저주로 그 땅을 칠까 하노라 하시니라
>
> 말라기 4:6

이야기 속으로 들어가기

두려움, 경고, 호기심. 불빛을 반짝이며 달리는 구급차를 바라보고 있노라면 이런 여러 가지 감정이 교차한다. 그런데 이런 구급차가 일곱 대나 있다고 생각해 보라. 너무나 끔찍한 일이 아닌가?

하지만 다행히도 이 모든 것은 꿈이었다.

과거 예배 인도자로 잘 알려진 줄리 메이어는 가끔 주님께서 하시는 말씀을 듣곤 했다. 그녀는 노련한 중보자였는데 꿈을 통해 그 내용을 자세히 볼 때가 있다. 그녀는 어느 날 구급차들이 전조등을 깜박이며 줄지어 달리는 꿈을 꾸었다. 그래서 너무나 걱정한 나머지

어떤 일이 일어났나 보기 위해 한 구급차 뒤를 따라 걸어갔다. 그리고 살짝 엿보니 이동식 침대 위에 사람이 아무런 움직임 없이 누워 있었다. 환자 옆에는 누군가가 있었는데 그를 살리기 위해 혈안이 되어 있었다.

그녀의 꿈속에서 환자 옆에 있던 동반자가 바로 천사라는 사실을 알게 되었는데 그때 천사는 그녀를 보며 이렇게 말했다.

"이 사람의 심장이 뛰지 않아요."

곧 그 다음 구급차가 있는 곳으로도 가 보았는데 상황은 마찬가지였다. 이동식 침대 위에 환자들이 누워 있고 그 옆에 천사들이 함께하고 있었다. 천사들은 모두 환자의 심장을 다시 뛰게 하기 위해 애를 쓰고 있었다. 그러다 갑자기 한 천사가 줄리를 바라보며 이렇게 말했다고 한다.

"중보자들이랍니다."

나는 이 꿈이 무엇을 의미하는지 알 수 있었다. 여러 해 동안 능력 있는 기도 사역은 그 기세가 점점 약해졌고 갈수록 그 힘을 잃었다. 중보기도자들은 부흥을 위해 여러 해 기도했지만 실제로 일어나지 않았고 많은 이들이 잠언 13장 12절에도 언급된 것처럼 "소망이 더

디 이루어지는 것"을 경험해야만 했다. 이 구절에서는 소망이 더디 이루어지면 그것이 마음을 상하게 한다고 말하고 있다. 미국 전역을 가로질러 여행하면서 이 꿈이 보여준 내용은 그야말로 참이었음을 확인할 수 있었다.

줄리의 꿈은 여기서 그치지 않았다. 천사 중 한 명이 갑자기 소리를 지르기 시작했다.

"여기 이 사람의 심장이 뛰고 있어 아주 미약하지만!"

그러자 다른 천사들이 격앙된 어조로 물었다.

"도대체 어떻게 한 거야?"

그들 역시 자신이 맡고 있는 중보자들의 심장을 다시 뛰게 만들고 싶었다.

그러자 그 천사가 대답했다.

"옛날 이야기들을 들려줘 봐. 하나님께서 과거에 어떤 일을 하셨는지 그녀에게 들려주기 시작했더니 심장이 다시 뛰었어."

그러자 하늘에서 내려온 구조자들은 자신의 중보자들에게 첫 번째 영적 대부흥과 두 번째 있었던 영적 각성, 그리고 성령님께서 함께 하신 놀라운 사건들에 대한 이야기들을 들려주기 시작했다.

1940년대와 50년대, 그리고 60년대에 걸쳐 일어난 치유의 물결과 천막에서의 모임들에 대해서 말이다. 그러자 이야기를 듣던 중보자들의 가슴은 놀랍게도 다시 뛰기 시작했다. 그리고 한 천사가 줄리를 바라보며 이렇게 말했다.

"하나님께서 역사하셨던 옛날 이야기들을 들려주세요."

이 꿈 이야기를 처음 들었을 때 큰 충격을 받았다. 하지만 그 이후에 나의 가슴을 더욱 더 소용돌이치게 만드는 천사의 음성이 들려왔다.

"이 이야기 속에 중보자들이 모두 들어올 수 있도록 하라. 이 옛날 이야기들은 또한 그들의 이야기이기도 하기 때문이다."

이 얼마나 의미 심장하며 흥미로운 생각인가!

우리 중에 이런 방법을 생각할 수 있는 사람이 누가 있는가? 하지만 그럴 수 있어야 한다. 하나님께서는 인류를 위해 여러 가지가 아닌 단 한 가지 중요한 계획을 가지고 계신다. 우리 모두는 현재 진행되고 있는 드라마에서 자신의 배역을 가지고 있다. 역사 속에서 우리 세대가 맡은 역할은 어제 있었던 연속극을 계속 이어가게 하는 것이다. 우리가 해야 할 싸움은 아직도 끝나지 않은 전쟁에 참여하는 것이다. 역사 속의 모든 부흥은 성령님께서 그동안 일으키신 연속극들의 속편인 것이다. 구원받은 영혼 모두가 하나의 영적인 가족을 이루는 것이다. 우리의 이야기는 각자 여러 가지이지만 결국 하나인 것이다.

여러분 자신을 이 이야기 속으로 끌어들이라. 오래된 이야기들은 결국 여러분의 이야기이기도 하기 때문이다!

분열이 아닌 시너지 효과를 향하여

오랫동안 기독교 역사를 배우고 있는 우리 기독교인들은 지나간 하나님의 역사를 가끔씩 상자에서 꺼내어 먼지를 털어 이리저리 관찰하며 감상에 빠지곤 한다. 이 오래된 이야기들을 사랑하긴 하지만 이를 두고 함께 기도하며 우리와 얼마나 긴밀한 관계가 있는지 살피며 그 능력을 지금 이곳에 가져올 수 있으리라 생각하지는 않는다. 그리고 이 이야기들이 우리의 이야기라고 여기지도 않는다. 그저 지나간 과거의 이야기이며 다시는 일어날 수 없는 역사에 지나지 않는다고 판단한다. 앞서 이야기했던 CFNI에서의 린제이와 관련된 일화처럼 나 역시도 웨슬리와 감리교도들이 일으킨 운동이 나와 관계가 있다고 생각해 본 적이 없다. 피니의 대각성이 곧 나의 각성이라고 여긴 적이 없고 윌리엄 세이모어의 아주사 거리 부흥이 나의 것이라고 생각하지 않았다. 대부분 이런 식으로 생각하지 않겠는가?

우리의 근시안적인 사고 방식이 세대간에 이어져 내려오는 시너지 효과를 앗아갔다. 이 이야기들 속에 나 자신을 넣을 필요가 없다고 생각한 것이다. 과거에 일어났던 움직임들과 기도에 동조하지 않다 보니 결국 세대를 끊어서 바라보게 되었고 각 세대마다 그 당시 필요한 중보와 노력들이 다 따로 존재하는 것이라고 여기게 된 것이다. 이에 따른 결과는 갈수록 더 참혹해지고 말았다. 하나님께서는 세대들이 서로 마음을 함께 하지 않는다면 결국 저주가 임하게 될 것이라 말씀하고 계신다. (말라기 4:6)

하지만 하나님께서 쓰고 계시는 이야기 속으로 걸어 들어가 보면 오래 전 역사 속에 존재했던 능력과 생명을 경험할 수 있게 될 것이다. 우리가 현재 느끼고 있는 그런 목적들뿐만 아니라 하나님의 영원하신 목적들에 대해 이해하게 되는 것이다. 바로 그때 하나님께서는 이미 누군가를 통해 시작하신 그 역사를 우리를 통해 계속해서 이어 가신다. 히브리서 11장 40절의 말씀대로 결국 모두의 약속이 이루어지는 것을 보게 될 것이다.

하나님께서는 CFNI에서 이 그림을 보기 원하셨다. 그 당시 학생들과 내가 린제이의 이야기 가운데 들어가 하나의 끈으로 연결되길 바라셨던 것이다. 린제이에게 하신 하나님의 약속은 언젠가 이루어질 것이라 짐작만 하는 것이 아니라 성령님께서 시작하신 그 일을 끝낼 수 있도록 마음을 하나로 모을 수 있는 사람들이 필요했던 것이다. 결국 우리 모두가 이 연극의 주인공이었다.

줄리의 꿈으로 인해 하나님께서 주신 계시를 더 깊이 이해하게 되면서 한 세대를 이룬 우리 모두에게 얽힌 수많은 이야기 가운데 나의 마음을 열기 시작했다. 우리 모두는 찰스 피니의 이야기 속으로 들어갈 수 있다. 우리가 사는 이 시대에도 도시 전체에 변화를 일으킬 수 있는 부흥이 다시 일어날 수 있다고 믿으면서 말이다. 열방을 흔드는 부흥을 위해 기도하는 리스 하웰즈의 기도에도 우리 모두 동참할 수 있다. 마틴 루터 킹 주니어가 애썼던 그 일에 참여하며 인종 간의 치유가 미국 전역에 일어나는 꿈을 함께 꿀 수도 있다. 구름처럼 허다한 증인들은 멀뚱히 지켜보는 청중이 아니라 열렬하게 응원하는 지지자가 되어 줄 것이다. 그들은 모두 오래 전부터 이 경기를 해 왔고 다음 바통을 건네받을 사람을 기다려 왔었다.

  이러한 진리에 다다르자 나는 양심의 가책을 받게 되었다. 하나님께서는 나의 마음과 행동을 앞서 살았던 이들과 연결시키고 계셨다. 나의 삶은 더 확장되기 시작했고 80 혹은 90 평생에 내 인생을 가두는 것이 아니라 모든 세대를 아우르는 데 이르렀다. 역사 속에 한 부분을 맡아 인류 역사와 함께 이루어 놓으신 하나님의 계획에 합류하게 되었다. "백 투 더 퓨처(Back to the future)"가 나에게 새로운 의미로 다가오며 엘리야의 종이었던 엘리사처럼 나의 미래를 찾기 위해 과거로 돌아가야만 한다는 사실을 깨달았다. 오늘 필요한 능력이 과거 속에 숨겨져 있기 때문이다.(열왕기하 2:14-15) 과거로 돌아가는 작업은 단지 나의 삶 가운데 의미를 부여하는 데 그치지 않는다. 이를 통해 앞서 살았던 신앙의 선배들의 삶까지도 의미 있는 것으로 만든다.(히브리서 11:39-40) 상호간의 연결을 원하시는 하나님께서는 결국 성취를 맛보실 것이다. 세대간에 이어지는 시너지 효과로 인해 새로운 차원의 영적인 능력을 모두 쏟아내 주시기 때문이다.

미국의 역사 속으로 들어가기

나는 곧장 미국을 향한 부르심의 상황 속에서 이 계시의 과정을 적용하기 시작했다. 나라를 위해 기도하는 데 이보다 더 좋은 것은 없었다. 미국 역사를 좀 더 개인적인 것으로 여기며 순례자들과 식민지 주민들, 그리고 개척자들과 역사를 이루어 낸 모든 세대의 기도와 꿈을 내 마음속에 들여놓았다. 그리고 그 대가가 어떠하든 그 꿈을 실현하기 위한 나의 역할에 최선을 다하기로 마음 먹었다.

하지만 이렇게 하려고 하니 문제가 수면 위로 떠오르기 시작했다. 미국 역사 가운데 고통스럽고 사악한 면이 있다는 사실을 알게 된 것이다. 꿈을 꾸다 보면 악몽을 겪을 때가 있는 것처럼 연관되고 싶지 않은 불명예스러운 과거가 존재하고 있다는 것을 알게 된다. 무엇보다 우리 나라는 강철 심장을 가졌으나 진흙으로 만들어진 다리를 가진 언젠가 무너지고 말 존재이다. 그렇다면 이런 배설물들을 어떻게 다루어야만 할까?

역사의 좋은 부분만 나의 것으로 삼고 나쁜 이야기들은 마치 존재하지 않았던 것처럼 여겨야만 할까? 위대한 역사만을 부각시키고 그렇지 못한 시대는 간과하는 것은 솔직하지 못한 태도이다. 미국의 다양한 인종들의 기억 속에 고통스러운 상처가 있다는 사실을 잘 알고 있다. 이곳에 살고 있던 원주민과 흑인들이 머릿속에 떠오르자 그들의 고통을 무시하거나 그저 "다 지난 일이니 그냥 지나가기"를 바랄 수 있을까 하는 의문이 들었다. 이런 몰상식한 태도가 그들의 고통을 지속시키고 있는 것이 사실이다. 하나님께서 과연 이것을 원하실까? 고통을 묻어 버리고 우리의 이야기 속에 존재하고 있는 파괴적인 측면을 부정하며 살아가는 것을 원하실까? 오히려 하나님께서는 이를 치유하기 원하신다는 사실을 알고 있는가?

말씀을 살펴보면 이러한 예는 수없이 많이 등장한다. 다른 사람의 아내를 탐하여 살인을 저지른 다윗은 하나님의 마음에 합한 사람이 되었다. 기독교인들을 핍박하며 죽이는 데 일등 공신이었던 사울은 사도 바울이 되었으며 창녀 라합은 하나님 가족의 일원이 되었다. 그리고 명예의 전당에 그 이름을 올리기까지 했다.(히브리서 11:31) 그렇다! 하나님께서는 우리의 과거 속에 존재하는 사악한 면을 부정하지 않으신다. 하지만 회개하여 그 죄에서 돌이키면 미래에까지 영향을 미치지 않도록 그것을 부정하신다.

역사를 치유하다

하나님의 권유로 미국 역사 속으로 들어가고 나서 말씀에 순종하면 미래에도 계속해서 나를 사용해 주실 뿐만 아니라 과거를 치유해 주시겠다는 약속을 해 주셨다. 미국의 건강한 역사뿐만 아니라 고통스러운 시대 역시 기꺼이 짊어지려 한다면 어떻게 치유할 수 있을지 그 방법을 알려 주신다는 것이다. '역사의 치유'라는 단어가 머릿속에 처음 들어왔을 때 '이 얼마나 놀라운 발상인가?'라는 생각이 들었다. 하지만 곧 '이것이 정말 가능할까?'라는 의문이 들기 시작했다. 물론 지금은 그것이 가능하다는 것을 안다. 역사는 절대로 바꿀 수 없다. 하지만 치유할 수는 있다.

하나님께서는 모든 미국인과 다양한 인종, 그리고 각종 신념들이 하나님의 계획을 이루는 데 필요한 존재가 되길 원하신다. 제대로 맛을 낼 때까지 큰 냄비에 담긴 재료들이 잘 녹게 하는 것이 바로 요리사 하나님의 의도이다. 물론 이 과정에는 엄청난 은혜와 이해와 또 다른 차원의 치유가 필요할 것이다. 하지만 우리는 불가능을 가능하게 하시는 하나님을 향해 부르짖을 수 있다.

> 믿음으로 모든 세계가 하나님의 말씀으로 지어진 줄을 우리가 아나니 보이는
> 것은 나타난 것으로 말미암아 된 것이 아니니라
> 히브리서 11:3

병든 역사의 치유

"그건 사실이 아니야!"

나는 큰 소리로 외쳤다. 아무도 없었기는 했지만 계속해서 외쳤다.

"어떻게 성경에 이런 기록이 있을 수 있나요? 요시야의 아버지는 다윗이 아니었잖아요?(열왕기하 2:22) 그는 사악한 왕 아몬의 아들 이었다고요. 하나님의 마음에 합한 사람 다윗은 요시야보다도 몇 세대 이전에 살았던 사람 아닌가요?"

나는 하나님을 향해 따지듯이 물었다. 역사를 담은 성경 속에서 이치에 맞지 않는 내용을 지적했을 때 하나님께서도 그 지적을 타당

하게 여기셨을 것이라 확신했다.

하지만 그렇지 않았다!

그리고 진리를 향한 탐색을 시작했다. 그런데 오히려 이러한 시간을 통해 문제로 가득한 머릿속이 가벼워졌을 뿐만 아니라 깨달음을 얻기까지 했다. 다윗은 요시야의 조상이었다. 그 사이의 여러 세대가 지워졌을 뿐이다. 하나님께서는 하나님 보시기에 올바른 일을 했던 이 젊은이가 불의한 아버지들을 건너뛰고 등장할 수 있도록 하셨다. 요시야의 조상에 대해 여러 세대를 건너뛰고 바로 다윗을 바로 언급하신 이유가 있는 것이다. 요시야는 분명히 이렇게 생각했을 것이다.

'나는 주님을 위해 하나님의 마음에 합했던 사람인 다윗 왕처럼 되고 싶어. 악한 일을 행하며 우상을 섬기는 아버지들과 같이 되지는 않을 거야.(열왕기하 21:20-22) 나의 유산은 바로 다윗왕에게서 비롯된 것이라고 주장할 거야.'

하나님께서는 족보에 이름을 선별해서 넣는 것에 대해 그저 허락만 하신 것이 아니라 요시야가 그렇게 결단할 수 있도록 영향력을 행사하셨다. 요시야의 출생은 그의 이름과 함께 이미 백여 년 전 예언되었고 그가 개혁을 이끌게 될 것이라고 성경에도 기술되어 있던 것이다.

> 다윗의 집에 요시야라 이름하는 아들을 낳으리니…(열왕기상 13:2)

성숙한 예언자들은 초보자들로부터 가려지기 마련이다.

결국 문제가 해결되었다..

모든 가정과 인종, 그리고 나라 전체가 지니고 있었던 고통스러운 역사와 자신을 결부시키고 싶어 하는 사람이 있겠는가? 미국도 예외는 아니다. 주님께 이러한 점을 고려해 달라 기도했을 때 하나님께서는 요시야처럼 경건하지 않은 과거와 단절될 수 있다는 사실을 보여 주셨다. 그 가능성뿐만 아니라 아름다운 역사와 관계를 맺는 것만큼이나 그것이 중요하다는 사실을 상기시켜 주셨다.

성령님께서는 내가 이에 대해 잘 이해할 수 있도록 히브리서 11장 3절을 보여 주셨다.

> 믿음으로 모든 세계가 하나님의 말씀으로 지어진 줄을 우리가 아나니 보이는 것은 나타난 것으로 말미암아 된 것이 아니니라

헬라어 원서에서는 처음 구절을 다음과 같이 기술하고 있다.

"믿음으로 모든 세대(aions)가 하나님의 말씀으로 완전히 서로 연결 혹은 공조(katartio)하게 된 것을 아나니…"

'완전하게 서로 연결 혹은 공조하게 되었다'라고 번역한 헬라어 '카타르티조'(katartizo)는 '무언가를 적절한 자리에 두거나 나란히 정렬하거나 연결시키는 것'이라는 의미를 담고 있다. 부러진 뼈를 '맞추는' 것과 관절이 어긋났을 때 '다시 끼워 맞추는 것' 또한 '카타르티조'라고 한다. 찢어진 그물을 '다시 수선한다'라는 의미도 담고 있다. 성경에서 방탕한 형제나 자매가 '회복'되는 사건을 기술할 경우에도 이 단어가 쓰인다. '카타르티조'는 일반적으로 새로 시작하거나 회복이 필요할 경우 어떤 사람이나 사물을 제 위치에 놓는 것을 의미한다.

역사 속의 만행들

흥미롭게도 히브리서 11장 3절에서는 하나님께서는 각 세대들과 시간의 흐름에 따라 "위치선정"을 하고 계신다고 언급하고 있다. 하나님께서는 역사 속에서 이루어지고 있는 세대간의 흐름에 대해 언급하시면서 각 세대가 어떻게 그 다음 세대와 관계를 맺게 될 것인지 말씀하고 있다. 하지만 하나님께서는 아담의 범죄와 인류의 타락으로 인해 죄의 본성이 존재하고 있으며 역사 가운데 어긋나고 깨어진 시기가 있다는 것을 잘 알고 계신다. 엄청난 추위 뒤에 움푹 패인 도로들을 보수 공사하듯 하나님께서는 치유의 시간을 통해 세대가 계속해서 이어지기를 바라신다. 고통은 역사 속에 존재하는 위반 행위들을 통해 발생한다. 그리고 회복과 치유를 반드시 필요로 한다. 무고한 희생과 학대, 그리고 우상숭배가 만연하게 되면 하나님과의 약속은 깨어지게 되고 이에 따른 노예생활이 시작되며 또 다른 죄악들이 무수하게 쏟아져 나오게 되고 결국 하나님께서 하려고 하셨던 계획에 차질을 빚게 된다.

역사 속에서 일어나는 이러한 만행들은 하나님께서 미리 예비해 두신 계획을 회복하고 새롭게 하여 멈추지 않고 계속될 수 있도록 다짐하게 하는 원동력이 되기도 한다. 하나님께서는 세대가 계속 이어지게 하려 하시는데 치유를 통해 다시 정비해야 하는 시간이 필요하다는 것을 잘 알고 계신다. 이사야 58장 12절에서 역사를 치유하시려는 하나님의 의지를 살펴볼 수 있다.

네게서 날 자들이 오래 황폐된 곳들을 다시 세울 것이며 너는 역대의 파괴된 기초를 쌓으리니 너를 일컬어 무너진 데를 보수하는 자라 할 것이며 길을 수축하여 거할 곳이 되게 하는 자라 하리라

이 구절만 보아도 역사를 치유(카타르티조)하시려는 의지를 분명히 알 수 있다. 앞에서 이미 언급했던 것처럼 지나간 과거 속에 등장한 만행들을 간과하지 않으신다. '그냥 덮고 지나가자'라고 말씀하시지 않는 것이다. 사실 우리 인간은 고통을 완화시킬 요량으로 과거의 상처들을 부인하려는 성향이 있다.

하지만 하나님은 절대 그러지 않으신다. 이사야서 말씀을 보면 하나님께서는 파괴된 역사를 "다시 세우시고, 쌓으시며, 보수하고, 수축하는" 데 관심이 있으시다. 무너진 곳을 보수하며 과거의 고통이 그대로 묻히는 것이 아니라 완전히 드러나며 치유되는 것이다. 고통을 묻어 두다 보면 결국 그 상처가 곪게 마련이다. 그렇게 되었을

때 고통은 항상 미래의 어느 지점에서 수면 위로 떠오르게 되고 결국 분노와 폭력, 그리고 깨어진 관계와 비정상적인 행동들을 야기하게 된다. 진정한 치유가 없이는 고통의 악순환은 세대를 거치며 계속될 것이다. 이런 부정적인 시너지 효과에 대해 생각해 본 적이 있는가?

미국에 존재하는 인종차별이 가장 대표적인 사례이다. 이러한 역사적 현실 속에 우리가 어떻게 참여해야 하고 어떻게 하면 주님께서 이러한 아픔을 치유하고 회복시키도록 할지 몰랐기 때문에 상처 입은 역사 속에 고통이 그대로 전달되고 있는 것이다. '카타르티조', 즉 세대를 다시 하나로 정비하는 일이 일어나지 못했다.

정부는 이러한 만행의 역사를 법과 프로그램들을 통해 치유해 보려 노력하고 있지만 성공적이지 않은 것 같다. 불의와 편견에 대해 맹렬히 비난하며 목소리를 높이는 단체들도 가끔 등장하지만 역시 원하는 바를 이루지 못하고 있다. 이러한 과거를 어떻게 다루어야 할지 제대로 알지 못하는 사람들은 "이제 그만 잊고 앞으로 나아가자"라는 입장을 지지하고 있다.

정부는 역사적인 상처를 절대로 치유할 수 없다. 아무리 법을 제대로 정비하고 양질의 프로그램들을 만들어 낸다 해도 무심한 대중들은 그저 고통스러운 상처를 더 아프게 하고 악화시킬 뿐이다. 그 동안의 만행을 더 부채질하는 결과만 발생하는 것이다.

속수무책으로 방관할 수밖에 없는 이러한 현실 속에서도 이사야 58장 12절에서 하나님께서는 사람들을 사용하여 상처로 얼룩진 역사를 치유하시겠다고 분명하게 말씀하고 계신다. "네게서 날 자들이…" 이것이 바로 하나님의 계획이다. '카타르티조'는 회복된 사람들의 기도와 금식, 그리고 회개와 여러 영적인 활동들을 통해 일어날 것이다.

우리는 모두 화평케 하는 사람들이다.(마태복음 5:9) 겸손과 회개, 하나님의 사랑과 용서로 역사 속에 존재하는 아픈 시간들을 치유할 수 있다. 성령님께서는 이 과정을 잘 이해할 수 있도록 도와주신다. 그리고 앞으로 다가올 시간들 속에서 이 과정을 더 능숙하게 다룰 수 있도록 도와주실 것이다. 이런 일이 일어나기만 한다면 모든 인종과 문화가 과거의 상처로부터 깨끗하게 나음을 입을 것이라 믿는다. 그래서 하나님의 생명과 축복이 '카타르티조'로 연결된 역사 속에 흘러넘치게 될 것이다.

역사 속으로 들어가기

역사와 관련된 두 가지, 즉 연속과 불연속에 대한 계시가 계속해서 나의 생각과 마음속에서 커가고 있을 때 태어나서 처음으로 우리나라의 역사 속에 동참할 수 있다는 사실을 깨닫게 되었다. 이 세대의 '카타르티조'에 참여하도록 부르심을 받았고 그 일부가 될 것이라는 사실 말이다. 미국의 역사가 점점 내 안에 살아 있는 시간들이 되었고 깊은 연관성을 가지게 되었다. 그래서 결국 그 역사가 나의 역사, 나의 삶이 된 것이다. 그 역사의 일부가 되었을 뿐만 아니라 아픈 과거를 치유하기 위해 할 수 있는 일이 있을 것이라 여겼다.

그러자 성령님께서는 미국의 수많은 지역에 나를 보내시기 시작했다. 감사하게도 이런 방식으로 부름을 받은 건 나 혼자만이 아니었다. 이 나라가 세워지고 발전하는 데 역사적으로 중요한 곳을 여러 군데 방문하며 나의 마음을 하나님의 오랜 계획과 연결시켜 달라는 기도를 했다. 워싱턴 D.C.를 몇 번이나 방문했는지 모른다. 미국의 역사와 긴밀한 관계를 맺자 미국에서의 나의 영적인 권위 역시 점점 강해지고 있다는 사실을 발견하게 되었다. 나의 기도와 메시지의 영향력이 점점 커지게 되었고 세대가 함께 하며 이루어 내는 시너지 효과가 일어나게 되었다.

그뿐만 아니라 미국 원주민들과 했던 약속을 깨뜨렸던 곳을 비롯하여 미국의 역사 가운데 끔직한 사건이 일어났던 장소들을 찾아다녔다. 그곳에서 우리의 죄를 회개하며 참회의 눈물을 흘리기도 하였다. 또한 노예들을 끌고 와 거래했던 항구를 방문해서 우리의 악함을 고백하고 회개하며 하나님의 마음으로 고통스러운 잔혹함을 그대로 느껴 보기도 했다. 수없이 무고한 피를 흘린 전쟁터와 불의하고 경건하지 못한 의회를 방문하고 비윤리적인 법을 지지했던 법정에도 찾아갔다. 관광객이 아닌 직접 그 역사를 경험한 사람으로서, 그리고 중보자로서 그 자리에 섰다. 이제는 나의 역사가 된 과거를 놓고 회개하며 하나님께서 예수 그리스도의 보혈로 그곳을 깨끗하게 하시고 만행들로 인한 상처를 치유하셔서 역사의 쳇바퀴 가운데 다시 한 번 넘치는 축복을 부어 주시길 간절히 기도했다.

이야기 속으로 걸어 들어가 이야기가 펼쳐졌던 그 시간들이 치유될 수 있도록 내가 할 수 있는 일을 했다.

2003년과 2004년 두 해 동안 셀 수 없을 만큼 여러 번 이 장소들을 방문하며 하나님께서 부르신 그 목적을 달성하고 나서 미국 전역으로 나아갔다. 그리고 내가 연결되지 않은 곳은 이 나라에 단 한 군데도 없다는 사실을 알게 되었다. 그 어디도 역사적으로 중요하지 않은 곳은 없었다. 좋은 일이 있었든 그렇지 않든 나에게는 모두 영적으로 매우 중요했다.

나를 내세우기 위해 내가 했던 일들을 언급한 것이 아니다. 나는 그저 이러한 일을 하는 수많은 중보자들 가운데 한 명일 뿐이었다. 그럼에도 불구하고 이러한 사실을 말한 이유는 가슴에 못이 박힐 정도로 너무나 필요했던 경험이자 측량할 수 없을 정도로 귀중하고 심오한 진리를 드러내기 위함이다. 그 진리란 바로 이것이다.

"미래로 가는 길은 과거와 연결되어 있다. 그리고 우리를 통해 그 길이 열리는 것이다!"

이 여정이 끝날 무렵 성령님께서는 다른 사람들과 함께 미국의 역사 가운데 깊이 들어가라는 확신을 주셨다. 그리고 마침내 하나님께서 써 내려 가신 아주 오래된 역사의 한 부분이 되어 미래로 가는 다리 역할을 할 수 있게 되었다. 2007년이 되던 해 하나님께서는 범상치 않은 꿈을 통해 두 번째 여정으로 나가는 문을 열어 주셨다. 이 꿈에서 거인들이 등장했고 곧 미국과 연관이 있다는 것을 알게 되었다.

이 꿈 때문에 정말 소중한 깃발을 찾을 수 있게 되었다.

이제 후로는 네 이름을 아브람이라 하지 아니하고 아브라함이라 하리니 이는
내가 너를 여러 민족의 아버지가 되게 함이니라
창세기 17:5

영원하신 하나님

2007년 어느 날, 집회에서 말씀을 전하고 있을 때였다. 친구 한 명이 그곳에 함께 했는데 그 친구는 자주 꿈속에서 하나님의 음성을 듣곤 했었다.

"이보게 토마스, 하나님께 기도해서 오늘 밤 꿈에 나에 대해 뭐라고 하시는지 좀 들어 줄 수 있겠나?"

숙소로 들어가는 길에 나는 친구에게 농담 섞인 말을 건넸다.

"물론이지!"

친구 역시 장난치듯 대꾸했다. 그런데 다음 날 아침이 되자 토마

스는 놀랍게도 하나님께서 나에 대한 내용을 꿈으로 말씀하셨다고 말했다.

처음 드는 생각은 이랬다.

'항상 이렇게 쉬운 방법으로 하나님의 뜻을 알았으면 좋겠네!'

하나님의 뜻을 알고 싶을 때마다 기도하고 나면 하룻밤 자고 일어났을 때 하나님의 말씀이 뚝 하고 떨어진다면 얼마나 좋겠는가? 어쨌든 친구는 계속해서 말을 이어갔다.

"꿈속에서 자네는 권투 선수였어. 그런데 다섯 명의 거인을 상대로 다섯 번의 경기를 치러야만 했지. 그런데 경기를 할 때마다 첫 번째 라운드에서 자네가 한 방에 그들을 날려 버렸어. 그런데 거인들을 상대할 때마다 각각 다른 방법으로 이겼어. 첫 번째 거인은 오른손으로 바닥에 쓰러지게 했고 그 다음은 왼손으로 상대하며 모두가 쓰러질 때까지 자네는 앞뒤로 움직이더군. 다섯 거인들을 다섯 번의 경기에 다섯 번의 펀치로 다섯 번의 전술로 이겼어."

여기에서 그치지 않았다.

"다섯 번째 거인이 쓰러지고 나서 말이지 자네는 링에서 나와 바로 나에게 다가왔어. 그리고 권투 장갑을 낀 주먹을 힘차게 들고는 이렇게 말했어. '자네가 이번에 거인들을 상대하게 된다면 이 두 개의 권투 장갑을 사용하게 될 거야. 하나는 '영원'이라는 말이 새겨져 있고 또 다른 하나는 '상록수'라는 글귀가 있다네.'"

정말 놀라운 꿈이었다.

첫 번째 권투 장갑의 이름은 충분히 납득이 가고도 남았다. 권투와 영적 전쟁 모두 관련 있는 단어이기 때문이다. 권투 용품 상표 중 가장 유명한 곳 중 하나가 영원을 의미하는 '에버라스트(Everlast)'이다.

권투 경기를 봤다면 '에버라스트' 표기가 새겨진 권투 장비를 본 적이 있을 것이다. '에버라스트'는 1900년대 초반에 설립되었고 오래 가는 수영복을 제작하는 데 중점을 둔 스포츠 용품 회사이다. 1917년 잭 뎀지라는 이름의 한 젊은 권투 선수는 이 회사측에 15라운드를 거뜬히 버틸 수 있는 권투 장갑과 헤드기어 등을 포함한 권투 용품 전체를 제작해 줄 것을 요청했다. 그리고 2년 후 뎀지는 '에버라스트' 권투 장갑을 사용하여 헤비급 챔피언 경기에서 우승을 거머쥐었다. 하룻밤 사이에 '에버라스트'는 우승후보 선수들이 인정하는 상표가 되었다.

그리고 백 년이 지난 지금 권투 경기장과 관련된 사업을 하려면 먼저 '에버라스트' 업체와 손을 잡지 않으면 안 되었다. 눈에 보이는 경쟁은 아니지만 그들의 구호처럼 "스포츠는 우리의 것"이 된 것이다.[2]

영원하신 하나님

영원(Everlast)이라는 단어는 나에게 있어 권투 장비 이상의 의미를 가지고 있다. 영적으로 바라보면 그 의미가 더 확연해진다. 주님께서는 예상대로 나를 위해 길을 예비하고 계셨고 나는 바로 그것을 알아차렸다.

그 무렵 아브라함의 생애와 그가 하나님과 걸었던 여정에 대한 연구를 진행 중이었다. 창세기 21장 33절에서 아브라함은 '영원하신 하나님'을 불렀다고 기록하고 있다. 히브리어로 하나님을 부를 때 '올람 엘 (Olam El)'이라는 이름을 가장 먼저 사용한 것이 바로 아브라함이다.

성경에 등장하는 시대에는 각각의 이름은 중요한 의미를 지니고 있었다. 특별한 부르심을 받았을 때나 누구나 다 알아볼 수 있는 자연스러운 특징을 나타낼 때 이름으로 표현하곤 했다. 그래서 하나님은 수많은 이름들을 가지고 계신다. 그리고 가끔 하나님께서도 성경 속 인물들의 이름을 바꿔 주시기도 한다. 아브람을 아브라함이라고 불러 주셨듯이 말이다.(창세기 17:5)

사람이 자신의 생각을 처음 소개하는 자리는 무척 중요하다. 어떤 모임에서 누군가를 소개할 때를 떠올려 보라. "이분은 저의 아버지 조지입니다." 혹은 "우리 사장님이신 프랭크를 모시겠습니다." 이런 식으로 소개하면서 상황에 따라 그들이 어떤 사람인지 더 분명히 하는 말들을 추가하게 된다. 예를 들어 친구가 집을 짓고 싶어 하는데 여러분이 그를 돕고 싶다면 아버지를 소개할 때 "이분이 나의 아버지 조지이신데 건축가이셔."라고 더 자세한 설명을 덧붙일 수 있다.

친구가 집을 지을 때 건축가가 있어야 하기 때문에 아버지를 소개할 때 특별히 그 필요한 부분을 부각시키게 되는 것이다. 그렇기 때문에 누군가를 소개할 때 그가 어떤 사람인지를 최대한 많이 나타낼 수 있는 말들을 사용하게 되고 성경 역시 이러한 경향을 그대로 따르고 있다.

변함 없는 하나님

앞에서 말한 것처럼 주님께서 새로운 방식으로 자신을 드러내셨기 때문에 아브라함 역시 하나님을 새로운 이름으로 불러드렸던 것이다. '야훼'라는 이름은 매우 강력한 것이었지만 그가 받은 계시를 모두 다 담지는 못했다. '엘로힘'과 '아도나이' 역시 하나님을 가리키는 멋진 이름들이었지만 아브라함이 당시 처한 상황 속에서는 뭔가 다른 것이 필요했다. 뭔가 지속적인 것 말이다.

사실 "영원하신 하나님"이라는 번역 역시 '올람 엘 (Olam El)'이라는 의미를 충분히 다 표현해 내고 있지는 못하다. '엘(El)'은 '힘센, 위대한, 강력한'이라는 뜻을 담고 있다. 하지만 '올람(Olam)'이라는 말은 정의 내리기가 그리 쉽지 않다. '가능한 더 미래를 향해'라는 의미보다 더한 뜻을 담고 있다. '올람'은 사실 방향과 시간 모두에 적용되는 단어이다. 그리고 앞으로나 뒤로도 영원하다는 의미를 함축하고 있다. 어떤 사전에서는 '올람'이 시간이나 방향 면에서 가장 멀리 있음을 의미한다고 설명한다. 하지만 이러한 설명은 바람직하지 않다. 시간 개념을 가지고 '올람'의 뜻을 설명하려는 시도 자체가 무의미하기 때문이다. '올람(Olam)'은 시간 속에서 설명할 수 있는 단어가 아니다. 하나님 역시 마찬가지이다. 영원하신 하나님은 시간 바깥에서 존재하신다. 만약 여러분이 태초의 시간으로 돌아간다 해도 하나님은 그보다도 더 훨씬 전에 존재하셨던 분이다. '올람 엘리(Olam Eli)'라는 단어는 정의할 수 없는 것이다.

인류는 시간에 대한 고정된 사고 방식 때문에 시작과 끝에 대한 편견을 가지게 되었다. '올람 엘리'에게는 시작이나 끝이 없다. 우리가 인식하는 시간은 끝이 있을 수 있지만 예전부터 존재하셨던 하나님은 계속해서 살아계실 것이다. 하나님은 과거, 현재, 미래 모두를 동시에 보실 수 있다. 그러기에 하나님은 독특한 관점을 가지고 계신다. 어떤 행동이 일어나기도 전에 그 결과를 이미 보고 계시는 것이다. 예를 들어 아담의 타락과 그 결과로 인해 십자가가 필요하다는 사실을 아시는 것처럼 말이다.

또한 하나님은 과거에 일어난 사건으로 인한 파장을 생각하시고 마치 그 사건이 일어나지 않았던 것처럼 그 결과를 지워 버리는 특이한 능력을 가지고 계신다. 예를 들어 과거 속에서 창녀들을 바라보시며 그들을 거듭난 여인으로 보시는 것이다. 마찬가지로 살인자들을 보실 때에는 구원받은 이들로 바라보신다. 하나님께서는 '동쪽이 서쪽과 아주 멀리 떨어져 있는 것처럼 우리의 죄를 분리시킨 후 우리를 대하신다.(시편 103:12) 그리고 더 이상 그 죄에 대해 기억하지 않으신다.(히브리서 8:12, 10:17) 십자가를 통해 '올람', 아주 영원히 우리의 모든 죄의 기록이 다 사라지게 될 것이다. 아브라함의 시대에는 제물과 제사를 통해서 이것이 가능했다.

아브라함과 영원하신 하나님

아브라함이 주님을 '올람 엘리'라고 불렀던 상황을 돌이켜 보면 그는 당시 25년 동안 믿음의 여정 가운데 있었고 지나간 시간을 돌아보며 끔찍한 실수를 저질렀던 장소를 바라보던 중이었다. 얼룩지고 갈기갈기 찢겨진 곳, 너무나 부끄러운 실수들을 저질렀던 온전하지 못한 자신의 모습을 돌아볼 수 있는 장소 말이다.

대부분의 성도들은 로마서 4장 16절에서 묘사하고 있듯이 아브라함을 '믿음의 조상'이라고 여긴다. 히브리서 11장에서는 그를 위대한 믿음의 사람이라고 칭송하기까지 한다. 하지만 아브라함의 삶

전체를 놓고 본다면 그가 과연 위대한 믿음의 사람이라고 말할 수 있을까? 그의 여정을 보면 심각한 탈선 행위가 있지 않았는가? 로마서 4장 20절을 보면 아브라함의 '믿음은 날이 갈수록 더 굳건해'지고 있었다고 말하고 있다.

아브라함과 사라는 하나님께서 아들을 주시겠다는 약속에 대한 믿음마저 흔들렸던 적이 있다. 주님께서는 그들에게 자녀들을 주시겠다 약속하셨지만 아이가 생기지 않자 그 약속을 신뢰하지 못하고 결국 하갈을 가족으로 들여서 이스마엘을 갖게 되었다. 이뿐만 아니라 하나님께서 다시 아들에 대한 약속을 재확인시켜 주셨을 때에도 이를 비웃었다. 하지만 그럴 법도 하다. 그때 아브라함은 99세였고 사라는 90세였다.(창세기 17:1, 17)

그런데 아브라함의 실수는 이게 전부가 아니다. 젊은 시절 아브라함은 다른 나라의 왕들이 자신이 사라와 결혼을 했기 때문에 죽일까 두려웠다. 그래서 이를 해결하고자 사라를 아내가 아닌 여동생으로 속였다. 자신의 목숨을 살리기 위해 사라를 늑대의 소굴로 보낸 것이다. 사라는 실제로 왕들에게 불려 갔지만 하나님께서는 초자연적으로 그들과 잠자리를 같이 하지 않도록 도우셨다. 아브라함의 묵

인은 결혼 서약을 끔찍하게 깨버리는 행동이었다. 그의 뻔뻔한 거짓말을 나중에 바로잡기 위해 왕과 나누었던 대화 내용은 어떠했을까? 서로 얼마나 난처한 상황 가운데 처했을까? 아브라함과 사라 사이에서도 서로를 이해하기 위한 시간이 필요했을 것이다.

영원한 치유

그럼에도 불구하고 성경에서 아브라함을 믿음의 조상, 그리고 하나님의 친구라고 부르는 이유는 무엇일까? 그의 인생 여정을 보면 이런 표현이 무색할 정도의 사건들이 있었지만 그의 마지막이 어떠했는지를 살펴본다면 그 이유를 알 수 있다. 하나님께서는 아브라함을 '과거에 언약을 깨어 버린 자', '한때 거짓말쟁이', 혹은 '두 마음을 품은 사람'으로 기억하지 않으셨다. 아브라함은 하나님의 친구이며 우리에게는 믿음의 본보기이다. 아브라함은 그의 과거 행위가 현재의 평가에 영향을 미치지 않도록 은혜를 입은 것이다. '올람 엘리(Olam Eli: 영원하신 하나님)'는 아브라함의 모든 인생을 살펴보고 있었으며 비록 부끄러운 과거가 있었지만 그의 운명을 끝까지 지키고 보호하셨다. 하나님은 우리 모두에게도 이와 같이 하신다. 하나님이 직접 이 땅에 오셔서 아브라함의 잘못을 단번에 깨끗하게 씻어 주시지 않았는가?

이 모든 것을 염두에 두고 아브라함을 생각해 볼 때 그가 '엘로힘'께 감사하는 마음과 영광을 돌리고 싶은 마음을 제대로 표현할 수 있는 이름을 찾으려 한 동기를 이해할 수 있게 된다. 결국 이미 존재하고 있는 모든 이름들로도 형용할 수 없기에 결국 새로운 이름을 지어야만 했다. 아마 이렇게 자신의 마음을 그 이름으로 표현하고 싶어 하지 않았을까?

'주님, 당신은 야훼나 아도나이, 혹은 엘로힘이라는 이름으로 다 설명할 수 없는 분입니다. 당신은 모든 세대를 아우르는 분, 곧 무한하며 전능하신 '올람 엘리'이십니다. 시간 안에 갇혀 계시지 않으며 모든 시간을 초월하시는 주님! 과거와 현재와 미래를 모두 주관하시며 나의 과오를 치유하시고 나의 생애를 온전케 하시는 분입니다. 내가 신실하지 않을 때에도 당신은 언제나 신실하십니다. 의심할 때마다 이를 극복하게 하시고 거짓말할 때 용서해 주실 뿐만 아니라 나를 깨끗하게 해 주시는 주님, 나의 결혼 생활을 온전히 지켜 주시는 주님! 너무 늙어서 더 이상 아이를 낳을 수 없는 사라와 저의 육신 가운데 당신의 영원함을 경험하게 하셔서 젊음의 샘물을 맛보게 하신 주님! 당신이야말로 모든 시간을 뛰어넘는 창조주이자 통치자이십니다! 영원하신 하나님!'

아브라함은 이런 고백을 통해 야훼와 함께 새로운 인생 여정 안으로 들어갔을 것이다. 하나님은 자신의 과거보다 훨씬 더 큰 분이며 자신의 미래를 온전히 맡길 수 있는 신실하신 분이라는 사실을 알게 되었다. 아브라함에게 절실했던 깨달음이 바로 이것이다. 아직 들어가지 못한 약속의 땅을 바라보며 아직 존재하지 않는 약속의 자녀들을 믿음으로 기다려야만 했던 아브라함은 아직 건국되지도 않은 나라에 대한 약속까지 받았다. 아브라함과 사라는 이미 나이가 너무 많았다. 하지만 아브라함은 '올람 엘리'를 굳게 붙잡았다. 균열이 일어난 자신의 과거를 다시 이어 갈 수 있도록 하시는 분, 자신의 운명을 직시하며 미래를 제대로 바라볼 수 있도록 올바른 그림을 그려 주시는 분을 붙잡은 것이다.

바로 앞 장에서 모든 세대를 '카타르티조'하시는 하나님에 대해 이야기했었다. 과거의 상처들을 치유해 나가시는 하나님 말이다.(히브리서 11:3) '올람 엘리'가 바로 그 하나님이시다. 하나님은 인생 가운데 가장 어려운 시기 속으로 들어오셔서 그 시간들을 다시 사서 모든 죄악들을 걷어낸 후 우리의 마음을 새롭게 해 주신다. 우리의 깨어진 삶을 다시 이어 붙여 과거를 치유하시고 소망으로 가득한 미래로 나아갈 수 있도록 약속하신다.

미국을 위한 영원하신 하나님

미국의 영적 부흥을 위해 기도할 때마다 꿈속에서 보았던 권투 장갑을 끼고 담대하게 나아간다. 우리의 역사 가운데 존재하는 각종 불의와 사악한 행동들, 그리고 수많은 죄와 같은 만행들에 대해 잘 알고 있다. 아브라함처럼 우리 모두 실패했다. 어떤 경우는 정말 터무니없는 실수를 저지르기도 했다. 하지만 '올람 엘리'가 어떤 분이며 그분이 십자가에서 피를 쏟으며 하신 일에 대해서도 잘 알고 있다. 그 어떠한 거인도 하나님을 상대할 수 없다.

가끔 하나님께서 더 이상 미국에 부흥을 허락하지 않으실 것이며 돌이키지도 않을 것이라는 몇몇 사람들의 이야기들을 듣곤 한다.

"우리의 죄와 사악함이 너무나 큽니다."

라고 그들은 말한다.

나는 아브라함을 다시 생각해 본다.

그렇다. 우리 나라는 오점투성이인 과거가 있다. 아마도 지금은 이보다 더할 것이다. 하지만 성과 중심의 부흥을 구하지 않는다. 우리의 행위에 대한 보상으로 하나님의 선하심을 선물로 받는 식의 부흥 말이다. 물론 하나님께서는 아무런 대가 없이 미국에게 부흥을 선물로 주지는 않으실 것이다. 하지만 우리가 부흥을 일으킬 만큼 '충분히 선한' 존재가 될 수 있는가? 그 어느 누가 그런 조건을 만족할 수 있겠는가?

'올람 엘리'라는 이름대로 하나님께서는 계속해서 약속을 이어 가실 것이라 믿기 때문에 이 나라의 영적인 각성을 위해 기도할 수 있다. 변함 없이 신실한 하나님께서 우리의 과오를 깨끗하게 하시고 고쳐 주시리라 믿기 때문에 부흥을 일으켜 주시길 구할 수 있다. 영원하신 하나님은 그동안의 사건들과 우리의 마음을 '카타르티조'하셔서 우리가 책임져야만 하는 잘못들을 바로 세워 주시고 우리가 이미 이루어 놓은 것들을 바로잡아 주실 수 있다. 하나님은 용서와 죄 씻음의 구원에 관한 전문가이시다. 하나님께서 이를 행하실 때 우리의 역사 가운데 다시 축복이 흘러넘치게 될 것이다.

우리 나라 역사 초반에 아브라함처럼 치유와 긍휼을 구하기 위해 '올람'을 붙잡았던 사람이 있다. 바로 링컨 대통령이다. 그는 국가의 존망이 걸린 가장 어려운 시대를 직면하고 있었다. 나라를 다시 살리기 위해서는 모든 국민이 하나님을 향해 간구하는 길밖에는 없었다. 그의 선언문에는 이것이 잘 나타나 있다. 다음을 읽어 보자.

'…이는 나라의 의무이면서 하나님의 압도적인 능력을 바라는 모든 이들의 의무이기도 합니다. 겸손하게 무릎 꿇고 죄와 허물을 고백하며 진실한 회개를 통해 긍휼과 용서를 얻을 수 있으리라는 희망을 놓지 않으며 성경과 모든 역사를 통해 증명된 숭고한 진리를 붙잡아야만 합니다. 우리 나라를 축복하시는 그 하나님이 바로 우리의 주님입니다. 그리고 우리가 알고 있듯이 하나님의 거룩한 법으로 세워진 나라들 각자는 이 세상 가운데 하나님의 심판과 징벌을 피할 수 없습니다. 어쩌면 우리는 끔찍한 재앙으로 가득한 내전을 그다지 두려워하고 있지 않은 듯합니다. 이 땅을 황폐하게 만든 이 전쟁은 주제 넘은 건방진 죄들 때문에 우리에게 임한 징벌이 아닐까요? 우리나라 전체 국민의 개혁을 이루어야만 이것이 끝나게 되는 건 아닐까요? 우리는 이미 하늘의 축복을 넘치게 받아 왔습니다. 그리고 평화와 번영 속에서 여러 해 동안 이것들을 지켜 왔지요. 인구 수가 증가했고 부와 권력도 탄탄합니다. 이러한 축복은 다른 나라들이 쉽게 경험하지 못한 것입니다. 하지만 우리는 하나님을 잊어버리고 말았습니다. 평화와 번영과 능력을 안겨다 준 은혜의 손길을 더 이상 기억하지 않습니다. 그리고 우리 스스로를 기만하며 마치 이 모든 축복을 우리 자신의 뛰어난 지혜와 미덕으로 일구어 낸 것으로 착각하고 있습니다. 절대로 끝나지 않을 것 같은 성공에 도취해서 더 이상 구원의 은혜는 필요하지 않을 것이라 안도하며 너무나 자만한 나머지 우리를 여기까지 인도하신 하나님께 기도조차 하지 않습니다!

능력의 하나님 앞에 우리 스스로를 낮추는 것이 마땅합니다. 이 나라의 죄들을 고백하고 하나님의 인애와 용서를 구해야만 합니다.

이 모든 것은 신실함과 진실함에서 비롯됩니다. 거룩한 가르침에 소망을 두고 우리 모두 한마음으로 부르짖으며 겸손하게 나아갑시다. 높이 계신 하나님께서 우리의 기도를 들으시고 이 나라의 죄악을 용서하시기를, 그리고 분열되어 고통받고 있는 이 나라가 회복되는 축복을 주시기를 간구합시다. 그래서 다시 평화롭게 서로 하나가 되는 행복한 나라가 되도록 하나님께 나아갑시다.[3]

얼마나 능력 있는 기도인가! 오늘날 정부 관계자들 중 많은 이들이 링컨이 말하는 바나 그가 언급한 성경 말씀에 동의하지 않는다. '이 나라를 축복하시는 그 하나님이 바로 우리의 주님'이라는 말을 듣고 코웃음을 칠 것이다. 우리는 지금 에이브러햄 링컨이 말한 것처럼 미국은 지금 '하나님을 잊어버린' 상태이다. 하지만 과거에 구원을 주신 그 하나님께서 지금도 우리를 구원하실 수 있다.

우리의 조상들과 전임자들이 하늘을 향해 부르짖었던 그 일에 동참하며 그들 모두가 시작한 일들이 계속될 수 있도록 간절히 기도해야만 한다. 그리고 우리와 우리 조상들의 죄악을 놓고 적극적으로 회개해야만 한다. 하나님께서 그 시간 가운데 들어오셔서 우리의 과거를 치유해 주신다면 지금 다시 하나님의 축복이 흘러넘치게 될 것이다.

꿈속에 등장했던 권투 장갑 중 하나처럼 '올람 엘리', 영원하신 하나님은 우리 앞에 서 있는 거대한 거인을 무너뜨리기에 충분하다. 하나님의 변함 없는 신실함과 우리를 구속하시려는 마음이 과거와 미래를 위한 우리의 기도를 바꾸어 놓을 것이다. 또한 과거의 죄를 회개하여 역사 가운데 함께 해 왔던 그 약속들에 흔들림 없이 동참할 수 있게 된다. '올람 엘리' 영원하신 하나님은 이러한 구원의 기도를 간절히 원하고 계시는 것이다.

토마스의 꿈은 '영원'에서 끝나지 않았다. 또 다른 권투 장갑에는 '상록수'라는 글귀가 새겨져 있었다. 기도하며 열심히 그 의미가 무엇인지 연구해 보았지만 한동안 도대체 어떤 뜻인지 알 수가 없었다. 그러나 주님께서 깨닫게 하시는 그 순간 그 다음 여정을 떠나게 되었다. 하나님께서는 정말 하나님답게 그 의미를 이해할 수 있도록 도와주셨다.

그리고 마침내 깃발 속에 그 의미가 담기게 되었다.

> 내 이름으로 일컫는 내 백성이 그들의 악한 길에서 떠나
> 스스로 낮추고 기도하여 내 얼굴을 찾으면 내가 하늘에서 듣고
> 그들의 죄를 사하고 그들의 땅을 고칠지라
> 역대하 7:14

5 상록수

2013년 5월, 나는 CFNI 졸업식에 참석하고 있었다. 앞에서 언급했듯이 이곳에서 '세대가 이루어 내는 시너지 효과'에 대해 이 학교에서 상고했던 적이 있다. 그리고 권투에 대한 꿈을 들은 지 6년이 지난 시점이었다. '에버라스트', 즉 '영원'의 권투 장갑에 대해서는 이해한 상태였지만 여전히 '상록수'와 관련된 의미는 허공을 떠돌아 다니다가 이제는 거의 생각하지 않는 이슈로 내 머릿속에 자리잡고 있었다. 이미 너무 오랜 시간이 지나버려 더 이상 그것에 대해 생각하지 않게 된 것이다.

이 학교의 이사로서 내가 할 일은 졸업식의 강연자를 선택하는 것이었다. 나는 영적 아들 가운데 한 명을 정했다. 빌은 군인으로서 유명한 설교가는 아니었다. 그는 특수부대 소속의 법무 장교였다. 그가 하는 일의 특수성 때문에 특수부대원들이 감당해야 하는 혹독한 훈련 가운데 몇 가지는 참여할 필요가 없었지만 빌은 굳이 그 모든 훈련들에 동참하고 있었다. 단지 법무 장교로 그치는 것이 아니라 완전한 군인이 되는 것이 그의 바람이었다. 그리고 몇 번이고 다시 자신의 패기를 증명해 보였다. 한 번은 그가 나에게 장난처럼 이렇게 말한 적이 있다.

"더치 아빠! 아빠를 정말 사랑해요. 하지만 6초 안에 아빠의 목숨을 앗아갈 능력이 있다는 거 아시죠?"

그럴 때면 나는 그를 '아들'이라고 부르지 않고 '대장님'이라고 불렀다.

선물

나는 이번 졸업식 연사로 군인을 선택했다. 졸업생들에게 목사나 설교가가 되는 것만이 하나님의 소명은 아니라는 사실을 알려 주고 싶었기 때문이다. 모든 성도는 하나님을 섬기기 위해 부름을 받았다. 어떠한 은사를 선물로 받았든 어떤 영역에서 섬기게 되든 상관없다. 또 다른 이유는 오늘날 젊은 세대가 흔하게 접하기 어렵지만 존경 받을 만하고 신실하며 희생적인 본보기를 보여 주고자 했기 때문인데 빌은 아주 훌륭한 연설을 해 주었다.

강연이 막바지에 다다르자 이 젊은 청년은 예상치 못한 말들을 꺼내기 시작했다.

"저는 주님께서 더치 아빠께 특별한 선물을 드리라고 말씀하셨다고 믿습니다."

갑자기 졸업식에서 모든 관심이 나에게 쏠리고 말았다. 이것은 예상치 못한 일이었다. 하지만 빌은 마이크를 들고 있었고 6초 안에 내 목숨을 가져갈 수 있는 존재가 된 것이다. 그저 빌을 믿는 것 외에 다른 방법이 없었다.

"이 선물을 드리기 전에 이와 관련된 역사에 대한 설명이 필요할 것 같습니다. 이것은 조지 워싱턴과 미국을 세운 조상들이 사용했던 깃발의 복제품입니다. 이 깃발은 지금의 성조기 이전에 사용되었던 것이지요. 이 깃발 아래 미국이 태어났다고 생각하시면 될 것 같습니다."

빌과 나는 지금 사용하고 있는 미국 국기를 대신해서 사용할 다른 깃발을 지지하려는 것이 아니다. 여전히 국기에 대한 맹세를 하며 자랑스럽게 여기며 감동하기까지 한다. 하지만 빌이 선물로 주겠다고 하는 과거의 깃발이 나타내는 상징적인 의미는 무척이나 중요했다.

하늘을 향해 외치라

빌은 계속해서 말을 이어갔다.

"이 깃발 위에는 '하늘을 향한 호소'라는 글씨가 새겨져 있습니다. 이 나라를 창건한 분들이 1600년대 중반에 활동했던 영국의 저명한 철학자 존 로크의 글에서 인용한 말이지요. 로크는 '자연법'(Natural Laws)이라는 책에서 인간의 권리는 정부가 아닌 하나님께로부터 나왔다고 언급하고 있습니다."

로크는 인간으로서 하나님께서 주신 권리들을 모두 경험할 수 있음에도 그것에 미치지 못한다면 우리가 할 수 있는 것은 단 한 가지밖에 없다고 말한다.

'어떤 무리 혹은 한 사람이 자신이 가지고 있던 권리를 빼앗기게 되었을 때, 아니면 권리를 행사할 수 없을 정도로 강력한 힘 아래 놓여 있다면 더 이상 이 땅에서 호소할 수 있는 곳은 단 한 군데도 없다. 그때는 오직 하늘을 향해 자유를 달라 호소할 수밖에 없다.'[14]

빌은 다음과 같은 내용으로 자신의 연설을 이어갔다.

"로크가 쓴 '하늘을 향한 호소'라는 글귀는 이 땅에서 정의를 실현하기 위한 모든 자원들과 능력은 한계가 있을 수밖에 없다는 사실을 나타내고 있습니다. 궁극적으로 이 땅에서는 재판관에게 호소하는 것이 가장 마지막 단계이지요. 이러한 생각이 미국 사회의 기본 이념으로 자리잡고 있어요. 심지어 미국 독립선언문에도 나와 있답니다."

빌은 조지 워싱턴과 그와 함께 했던 이들이 대영제국의 압박으로부터 미국이 자유를 얻기 바라는 마음으로 이 구절을 굳게 붙잡았다고 말했다. 그들이 그렇게도 바랐던 독립을 평화로운 방법으로 얻을 수 없다고 여기자 자유를 찾기 위한 유일한 소망은 전쟁밖에 없다는 사실을 깨닫게 되었다. 하지만 대영제국의 막강한 군사력과 화력,

그리고 재력과 비교하여 식민주민들의 그것은 정말 보잘것 핞없는 것이었다. 전능하신 하나님께서 함께 하시기 전까지는 말이다.

식민주민들의 태도는 분명했다. 그들이 누릴 자유의 권리는 하나님으로부터 온다는 것이다. 하나님께서 그들을 도우실 것이라는 사실 하나만을 붙잡고 이렇게 외쳤다.

"우리는 하늘을 향해 부르짖을 것이다!"

그리고 이 깃발이 탄생했다.

미국을 향한 하나님의 꿈

순례 여정이 한창이었던 시절 경건한 형제와 자매들은 전능하신 하나님이 이 나라가 탄생하는 데 결정적인 역할을 하셨다고 믿었다. 그뿐만 아니라 이 나라가 하나님을 존중하며 하나님과 함께 하는 길을 선택한다면 그분의 은혜와 축복을 놀라운 방법으로 경험하게 될 것이라 여겼다.

워싱턴과 그를 따르던 이들 모두는 이와 같은 생각에 동의했다. 하지만 여기서 그치지 않고 한 걸음 더 나아가 전능하신 하나님께서 이 나라를 세우신다면 '산 위에 세우셔서 숨겨지지 않게 하시고 이 세상 가운데 빛으로 드러날 수 있어야 한다'고 결정했다.(마태복음 5:14) 그들은 매사추세츠 만 식민지에 정착했던 청교도 지도자 존 윈스럽이 1630년 '아벨라' 호에서 그의 산상 설교 가운데 하나님께서 미국 땅에서 이루어지기를 원하시는 바를 이 구절을 통해 역설하였다는 사실을 잘 알고 있었다.[5]

또한 1607년 케이프 헨리에 십자가를 세우고 이 땅이 하나님의 영광을 위해 사용되기를 기도하는 모임을 가진 적이 있다는 사실도 알고 있었다. 1960년에 체결된 메이플라워 협약에서도 "하나님의 영광과 기독교 신앙의 고취를 위하여" 그 여행이 시작되었다는 내용을 책을 통해 읽기도 하였다.[6] 하나님께서는 이러한 회합과 기도들을 존중해 주셨을까? 더 나아가 이러한 모임들을 가질 수 있도록 인도해 주신 것은 아닐까? 미국이 하나님의 꿈이었던 것일까? 그들 모두는 이렇게 믿었다.

순례자들 모두 미국이 하나님께서 주신 운명이라 믿었고 설립자들 역시 그렇게 믿었다. 우리의 역사를 돌아보면 미국의 대통령들과 지도자들도 이러한 신념을 굳게 붙잡았다. 존 F. 케네디 대통령은 마태복음 5장 14절과 윈스럽의 유명한 강연을 늘 참고했고 로널드 레이건 대통령과 역대 미국의 대통령들 역시 마찬가지였다.[7] 근대에 등장한 수정주의자들은 이러한 우리의 역사를 다시 쓰거나 지워 버리려고 하지만 진리는 언제나 그들의 거짓말들을 뛰어넘게 되어 있다.

상록수

조지 워싱턴 장군은 미국의 혁명을 이끌 때 하나님의 계획을 굳게 믿었다. 독립전쟁을 위해 여러 척의 배를 진두지휘하며 그는 하나님의 도우심을 강조했고 모든 배가 '소나무 깃발'이라고 알려져 있는 '하늘에 호소'하는 깃발을 휘날리며 앞으로 나아갔다. 이 깃발은 곧 유명세를 타고 빠르게 퍼져 나갔고 매사추세츠 해군기에도 사용되었을 뿐만 아니라 식민지 전역에서 휘날리게 되었다.[8] 이 깃발은 곧 식민주민들의 자유를 향한 굳건한 신념이 되었으며 신앙의 근거가 어디에 있는지를 분명히 나타내는 계기가 되었다.

'하늘을 향한 호소'라는 글귀에 대한 빌의 설명과 그것이 역사적으로 어떤 의미를 가지고 있었느냐가 나에게 중요한 것으로 다가오면서 그 강도는 점점 더 세지기 시작했다. 지금까지 나는 주님께서 이러한 이슈들을 언제 건드리실지 전혀 몰랐었다. 성령님께서는 사도 바울이 일시적으로 앞을 보지 못하게 하신 적이 있다. 며칠 동안 눈이 가리워진 후 그는 진정한 빛을 볼 수 있었다.

요나는 하나님의 말씀을 니느웨에 전달해야 했기 때문에 거대한 물고기 배 속에서 갇혀 있기도 했다. 모세는 불타는 떨기나무 속에서 자신의 운명을 다시 발견하는 시간을 가졌다. 지금 여러분이 무엇을 생각하고 있는지 안다. 나의 경우는 모세처럼 극적이지 않았지만 하나님께서는 이 나무를 통해 나에게 다시 말씀하시려 했다.

빌은 계속해서 연설을 이어갔다.

"그들은 이 깃발에 상록수를 심어 두었습니다."

빌은 둘둘 말린 깃발을 펼치며 내가 볼 수 있도록 그것을 높이 들어 올렸다. '하늘에 호소하는 깃발'을 보는 순간 주님이 함께 하는 것을 느낄 수 있었다. 그리고 갑자기 그 꿈이 생각났다. 6년 전부터 기다렸지만 결국 포기하려 했던 오래된 상록수가 다시 살아난 것이다. 250년 역사와 함께 해 온 그 깃발이 거듭나는 순간이었다. 경이감과 흥분에 휩싸인 나는 또 다른 한쪽의 권투 장갑을 끼게 되었다는 사실을 깨달았다.

그렇다면 도대체 이 상록수가 의미하는 바는 무엇일까? 항상 나무에 매달려 있는 시들지 않는 뾰족한 잎사귀들! 상록수는 영원을 상징하는 나무이다. 아브라함이 불렀던 하나님의 이름처럼 말이다.

'영원함'과 관련된 상징적 의미를 좀 더 확장해 본다면 약속을 지키기 위해 영원히 지속적으로 모든 삶을 다 바친다는 뜻이 포함되어 있다. 우리 나라가 건국되었을 때 상록수는 미국에 살던 인디언 이로쿼이(Iroquois) 부족에게 매우 의미 심장한 것이었다. 이 시기에 한 위대한 지도자는 다섯 개(나중에 여섯 개가 됨)의 부족을 모두 통합하여 연맹체를 만들었다. 이로쿼이 헌법에 따르면 '평화의 나무'를 심는 것으로 그 약속들이 이행되기 시작한다고 기록되어 있다. 평화 조약과 영원한 약속에 대한 다짐은 거대한 상록수 아래 무기들을 묻어 버리는 상징적인 행위를 통해 이루어졌다.[9] 일부 역사학자들은 이러한 언약 의식으로 인해 '화해하다(무기를 거두다, bury the hatchet)'라는 구절을 만들어 내었다고 주장한다.

이로쿼이 정부와 그들의 문화적 전통은 이 나라를 설립하는 이들에게 많은 영향을 끼쳤다. 벤저민 프랭클린은 미국 식민주민들이 이로쿼이 국가가 보여 준 본보기를 따라야 한다고 주장했다. 자신이 소유한 펜실베이니아 신문에 가장 먼저 '함께 하든지 죽든지'라는 문구를 뱀과 함께 만든 프랭클린은 미국 원주민 의회를 이루는 데 필요한 여러 문서들을 발간하기도 했다. 그리고 프랭클린은 1751년 이로쿼이가 이루어 낸 오랜 연합을 미국 식민지가 이루어 내지 못할 것이 없다는 주장이 담긴 편지 하나를 쓴다.

'여섯 개의 나라들이 하나의 연합체를 이루기 위한 계획을 만들어 내고 겨우 먹고살 정도의 시대에 서로 똘똘 뭉쳐서 이 약속들을 어떻게 지켜갈 수 있었을까. 과연 이러한 일이 열 개 혹은 그 이상의 영국 식민지들 사이에서는 불가능한 것일까? 더 절실하게 필요하며 더 유익할 텐데 말이다. 그들이 원했던 것을 그대로 이해할 수 있는 사람은 없는 것일까?'[10]

식민지를 하나로 연합하려는 프랭클린의 알바니 계획 역시 이로쿼이 정부가 세웠던 구조를 기반으로 하여 이루어지게 되었다.[11] 미국 연합정부를 구성하는 데 이로쿼이 국가의 영향력은 실로 의미심장한 것이었다. 1988년 상원에서는 '미합중국의 헌법을 제정하는 데 이로쿼이 연맹체 국가의 기여를 인정함'이라는 내용을 골자로 한 결의안을 통과시켰다.[12]

어떤 역사학자들은 이로쿼이의 영향으로 '영원한' 그리고 '언약의' 상록수가 우리 나라가 하나님과 맺은 언약을 상징하는 '하늘을 향한 호소의 깃발'에 존재하게 되었으며 이 나라의 설립자들이 함께 헌신 하게 되었다고 말한다. 이러한 정신은 여전히 국기에 대한 맹세 가운데 '우리의 생명이시며 축복의 근원이자 거룩하신 분'이라는 말에서도 잘 나타나 있다.[13] 깃발에 새겨진 '하늘을 향한 호소'라는 이 문구는 상록수가 하나님과 함께 하나님만을 의지하려는 연합체와 긴밀히 연결되어 있다는 신념을 그대로 반영하고 있는 것이다.

아브라함과 상록수

이로쿼이의 영향력이 의미심장한 것이긴 했지만 영원한 언약의 신실함을 나타내는 그림으로 사용된 상록수는 사실 그들에게서 비롯된 것이 아니었다. 야훼와 언약을 맺은 아브라함 시절로 다시 돌아가 보면 더 탄탄한 실례를 찾아볼 수 있다. 창세기 21장 33절에서 아브라함은 '올람 엘리' 영원하신 하나님의 이름을 부른다. 2007년에 꾸었던 꿈에 등장했던 것처럼 이 이름에 대한 이해는 '에버라스트'라는 문구가 새겨진 권투 장갑의 의미와 상통하는 면이 있었다. 하지만 깃발에 대한 의미를 깨달으면서 이내 놀라운 사실을 발견하게 되었다. 아브라함이 '영원'이라는 수식어로 하나님을 부르기 직전 바로 이 상록수를 심었던 것이다. 나는 이 구절을 읽을 때마다 아브라함이 '올람 엘리' 영원하신 하나님을 부르기 전에 에셀나무를 심었다는 내용을 수없이 봐 왔다. 그런데 이 에셀나무가 상록수를 의미하는 것인지는 알지 못했다. 아브라함은 나무를 심고 나서 영원하신 하나님을 불렀다.

이것을 어떻게 꿰맞출 수 있었겠는가!

이 사실을 알고 난 후 아연실색할 수밖에 없었다. 믿음의 조상인 아브라함과 관련하여 성경에 기록된 아주 오래된 이야기 속에 우리나라의 운명에 대한 이야기를 숨겨 놓으신 건 오직 하나님만이 하실 수 있다. 그리고 뭔가 짝이 맞지 않는 것 같은 권투 장갑으로 다섯 라운드 만에 다섯 명의 거인을 이긴 이상한 꿈을 통해 그 비밀이 풀리고 있었다.

놀랍지 않은가?

도대체 아브라함은 왜 나무를 심었던 걸까? 아브라함 시대에는 무언가를 기억할 수 있는 기념물을 세우는 것이 무척이나 중요했다. 이를 통해 사람들이나 나라들이 중요한 사건들을 기억할 수 있도록 했다. 아브라함이 상록수를 심었을 때 그는 영원하신 하나님과 맺었던 언약 관계를 나타내는 증거물 혹은 기념비를 세운 것이다. 그리고 그 나무는 다음과 같은 메시지를 담고 있었다.

"'올람'은 하나님께서 나와 맺으신 언약을 계속해서 성실히 이행하시겠다는 증거이다. 나 역시 하나님과 맺은 이 언약을 신실하게 이행하려 한다. 영원하신 하나님과 맺은 이 언약을 영원토록 지켜갈 것이다."

아브라함이 상록수를 선택했다는 사실은 흥미롭다. 나는 에셀나무를 설명하는 많은 논문들을 읽었다. 그 가운데 세 가지 특이한 사항을 발견했는데 이 나무는 천천히 자라고, 장수하며 완전히 자라고 나면 시원한 그늘을 만들어 준다는 것이다. 천천히 자라는 특성 때문에 그 어느 누구도 이 나무를 자기 자신을 위해 심을 수 없다. 자신이 살아 있는 동안 이 나무가 주는 혜택을 누릴 수 없을 수도 있다. 아브라함이 이러한 특징을 가진 나무를 심었다면 분명히 그의 자손들을 유념하고 있었다는 뜻이다. 그는 앞으로 다가올 세대들을 향해 이렇게 외치고 있었다.

"나는 '올람'의 언약을 맺었다. 그리고 너희들은 이 영원한 언약의 그늘 아래 앉게 될 것이다."

더 이상 무슨 말이 필요하겠는가?

우리가 이 언약의 하나님 안에서 살아갈 때 단지 우리만 축복을 받는 것이 아니라 우리의 자녀들과 자손들 모두가 다같이 축복을 받게 되는 것이다. 미국의 경우가 그러하다. 우리 이전의 경건한 세대들을 통해 우리는 엄청난 축복을 누려 왔다. 하지만 각 세대마다 하나님을 영화롭게 하고 그분의 말씀에 순종해야만 한다. 성령님께서는 권투하는 꿈을 통해 '상록수'를 언급하신 후 미국이 처음 세워졌을 당시 존재했던 깃발과 함께 그 내용을 연결시켜 주셨다. 그리고 미국이 다시 하나님과 맺은 언약으로 돌아가야 한다는 사실을 알려 주셨다. 우리가 다시 야훼와 맺었던 그 약속을 따르기로 한다면, 우리의 조상들과 함께 하셨던 하나님께로 돌아가기만 한다면, 그래서 미국을 향해 가지고 계셨던 원래의 목적과 계획 가운데 들어가 모든 세계를 구원하기 원하시는 그 하나님과 동행할 수만 있다면 영원하신 하나님께서 그분의 신실하심을 우리 가운데 드러내시고 이 땅을 지배하고 있는 거인들로부터 우리를 구원해 주실 것이다.

미국의 꿈

미국이 처음에 꾸었던 꿈은 잘사는 것이 아니었다. 폭군의 압제로부터 벗어나 자유롭게 예배하며 그 자유를 누리는 것이었다. 그뿐만 아니라 하나님과 동행하며 하나님의 말씀을 온 세상에 나타낼 수 있는 빛을 뿜어내는 것이었다. 하나님의 영광스러운 복음을 땅 끝까지 전하는 것이 바로 미국의 꿈이었다. 하나님의 마음에서 비롯된 이 꿈은 우리 나라 안에 깊숙이 들어와 잉태되어 모든 이들과 함께 나눌 운명을 지니고 있었다. 하지만 미국은 거룩한 열정과 하나님과의 동행을 더 이상 꿈꾸지 않고 돈과 소유와 쾌락을 통해 자기 자신을 만족시킬 욕심으로 가득한 꿈을 꾸게 되었다. 억제하지 못하는 식욕과 탐욕으로 가득한 열망은 점점 더 강렬해져서 이제는 더 이상 우리 자신을 통제할 수 없는 지경에 이르렀다. 오히려 이러한 것들에 지배를 받고 있는 형국이다. 자유를 얻기 위한 허가가 필요하게 되었고 독립정신은 반항심으로 이어졌으며 '자유주의'의 노예가 되고 말았다. 그리고 어떤 면에서는 왜곡된 꿈들 속에 점차 불협화음이 일어나기 시작하면서 이에 대한 대가를 지불하도록 재촉을 받고 있다. 이제 더 이상 왜곡된 꿈을 키울 힘도 없다. 오히려 그 꿈이 우리를 키워 가고 있다.

우리의 돌연변이 꿈은 권투 꿈에 등장했던 '거인'들로 눈앞에 나타나서 우리를 노예로 삼아 왔다. 빚이라는 거인은 이제 미국을 파괴할 수 있을 정도의 힘을 키웠다. 세상에서 가장 부유한 나라가 자유가 아닌 속박을 빌리고 있는 것이다. 또 다른 거인은 바로 낙태, 폭력, 인종차별 그리고 엄청난 중독현상과 변태적인 성욕이다. 이 모든 것들이 강한 진으로 둔갑해 미국을 집어삼키고 있다.

이것이 전부가 아니다. 우리 정부는 총체적인 혼란 상태에 있다. 지혜는 고사하고 명확한 헌법적 법률들과 심지어 상식적으로 해결

할 수 있는 문제조차 제대로 다스릴 수 있는 힘이 없어 보인다. 검정색의 법복을 입은 이론주의자들은 낙태에 대하여 '사생활 문제'를 보장할 권리를 헌법을 통해 들먹이고 있다. 제대로 된 지식인이라면 이러한 문제를 위선적으로 바라만 보고 있을 수는 없을 것이다. 하지만 법률을 집행하는 재판관들은 이러한 자유주의적인 발상이 미국을 지배하도록 내버려 두고 있다.

많은 지도자들이 미국의 진정한 역사를 부인하고 미국을 세우신 창조주에게서 등을 돌리고 있다. 현 대통령은 우리가 기독교인인 것처럼 무슬림이기도 했다고 말한다. 그래서 우리 나라가 세워진 근간에는 이슬람도 중요한 위치를 차지하고 있는 것처럼 여긴다. 우리의 미디어와 교육 시스템이 충분한 소양을 갖추었다면 이런 거짓말들을 폭로하여 우스개로 만들 수 있었을 것이다. 하지만 진실을 기반으로 한 진리와 사상보다 대통령의 말을 더 우위에 두는 현 상황에서 이를 정당화하기 위해 하나님을 조롱하고 하나님의 방법을 무시하며 전혀 윤리적이지 않은 이 땅의 새로운 법과 함께 전혀 색다른 미국을 창조해 내고 있다.

그리고 많은 교회들은 이에 대한 해독제를 내놓기는커녕 완전히 변절하거나 미온적인 태도로 방관하고 있다. 성경에 대한 확신 없이 상대주의에 휩쓸려 제대로 된 기준조차 내세우지 못하는 교회! 문화를 주도하지 못하고 계속해서 이에 끌려다니며 그 어떠한 변화도 일으키지 못하는 교회! 더 이상 성경을 믿지 않는 기독교인들은 죄의 대가로 미국이 엄청난 궁지에 빠지게 될 것이라는 사실을 이해하지 못한다.

미국에 소망이 있는가?

영적인 나약함과 국가적으로 무기력한 상태에서 심각한 질문들을 던져 보려 한다. 미국에 여전히 소망이 존재하는 것일까? 예전의 강성했던 시절로 되돌아갈 수 있는 방법을 찾을 수 있을까? 우리를 위대한 존재로 만들어 주신 하나님께로 다시 돌아갈 수 있을까? '옛적 길, 곧 선한 길'을 찾게 될 것인가?(예레미야 6:16) 우리의 창조주가 주시는 은혜와 축복을 다시 경험할 수 있을까?

그렇다! 이 거인들을 불시에 타격하면 된다!

아브라함과 우리 조상들처럼 영원한 하나님께 연결될 수만 있다면 충분히 이길 수 있다. 하나님과 그 구원의 능력이 우리의 연약함과 실패들을 뛰어넘을 수 있다는 확신만 있다면 현재 우리보다 우위에 있는 저 거인들을 모두 때려눕힐 수 있을 것이다. 예수 그리스도의 보혈을 통해 하나님의 긍휼이 심판을 이길 것이라 믿는다면(야고보서 2:13) 그리고 우리안에서 착한 일을 시작하신 하나님께서 그것을 완성하실 것이라 믿는다면(빌립보서 1:6) 우리는 승리할 수 있다.

그리고 나서 '상록수'라는 글귀가 새겨진 다른 쪽 권투 장갑의 먼지를 털어 내야만 한다. 우리 조상의 하나님과 맺은 언약으로 돌아가기만 한다면 우리를 향해 계획하신 그 운명을 붙잡고 '올람'이 우리를 에워싸고 하나님의 부르심과 유산들을 지우려 하는 영적인 거인들로부터 우리를 구원할 것이다.

그렇다면 이 두 가지의 권투 장갑을 찾을 수 있겠는가? 당연히 찾을 수 있다. 그리고 그 과정은 이미 시작되었다. 남아 있는 이들 – 하나님께서는 늘 이 남아 있는 자들을 통해 시작하신다 – 이 도움을 구하기 위해 이미 하늘을 향해 외치고 있다. 하나님께서는 이제 세 번째 영적 대각성을 위한 이들의 기도에 응답하실 참이다. 하늘에서 임하는 이 부흥을 통해 완전히 무장하고 링에 오른 수백만 명의 사람들을 위한 권투 장갑들이 마련될 것이다. 역대하 7장 14절에서 하나님께서는 자신에 대해 다음과 같이 말씀하고 계신다.

> 내 이름으로 일컫는 내 백성이 그들의 악한 길에서 떠나 스스로 낮추고 기도하여 내 얼굴을 찾으면 내가 하늘에서 듣고 그들의 죄를 사하고 그들의 땅을 고칠지라

구원의 하나님께서 우리의 기도를 들어주실 것을 확신하라. 하나님이 원하지도 않으시는 것을 억지로 하게 하려고 말수가 별로 없는 것 같은 하나님의 팔을 비틀어 꼬집으려 하지 않아도 된다. 돌아온 탕자의 이야기를 기억해 보라. 용서하고 다시 회복시키려 하는 데 주저했던 존재는 탕자의 아버지 – 하나님으로 비유되는 – 가 아니라 바로 자기 의로 가득한 형이었다. 긍휼과 사랑으로 가득했던 아버지는 다시 돌아온 탕자를 향해 뛰어갔다.(누가복음 15:11-32) 우리가 외치며 부르짖는 대상이 바로 이러한 하나님이시다!

탕자의 형처럼 오늘날 많은 종교 단체들은 하나님께서 미국을 용

서하시며 치유해 주실 것이라 믿지 않는다. 비성경적인 믿음을 바탕으로 구원보다는 하나님의 심판이 임할 것이라 믿고 있다. 하지만 우리 하나님은 구원하기를 원하시는 분이다! 그 어떤 불의와도 타협하지 않는 의로운 하나님께서는 의인 열 명만 있다면 소돔을 멸망하지 않으려 하셨다.(창세기 18:32) 하나님의 사랑에서 비롯된 구원의 능력을 절대로 폄하하지 말라.

하나님을 향해 부르짖으라!

또 하나의 꿈

이 엄청난 고대의 깃발 작업을 수행하면서 이에 대한 새로운 인지와 거인을 죽였던 권투 장갑 이외에 하나님께서는 또 다른 꿈을 주셨다. 전체적인 메시지를 더 잘 이해할 수 있도록 도우시기 위함이었다. 그리고 그 꿈은 정말 놀라운 것이었다.

> 우리는 언약의 능력을 믿어야만 합니다.
> 하나님께로 돌아가기만 하면 우리 대신 하나님께서 싸워 주실 것입니다.
> 우리 앞에 있는 거인들을 물리쳐 주실 것입니다.

준비되었는가?

꿈에는 다양한 종류가 있다. 간혹 하나님께서 주시는 메시지를 꿈을 통해 듣게 될 때가 있는데 어떻게 피자와 텍스 멕스 (텍사스 식 멕시코 음식, 역자 주) 같은 것으로 통찰력을 얻을 수 있을까 자만하며 나에게 임한 예언적 계시는 메이저 리그급 수준이라고 자신하곤 한다.

그러다가 진짜 꿈꾸는 이들이 말해 주는 진짜 꿈에 대해 듣게 되면 나는 정말 아무것도 아니었다는 사실을 깨닫게 된다. 이제부터 소개하려는 꿈은 메이저 리그에서 그랜드 슬램을 달성할 정도의 수준임을 미리 말해 둔다.

성령님께서는 어느 날 릭이라는 친구에게 나의 13년 여정을 한마디로 압축한 꿈을 꾸게 하셨다. 나는 그동안 세대를 통한 시너지 효과와 우리 역사의 이야기 가운데 우리 자신을 초대하는 것, 그리고 하나님께서 미국이 태어날 수 있도록 하셨다는 사실과 '하늘에 호소하는 깃발'에 담긴 의미를 발견하던 중이었다.

꿈속에서 릭은 여러 해 전 수련회에서 본 것과 같은 오래된 목조 예배당 하나를 보았다고 했다. 주위가 너무 어두워서 릭이 불을 켜려고 애쓰고 있는데 바로 그때 한 어르신이 다가왔다. 그리고는 난데없이 여행을 떠나겠냐고 물어보았다고 한다. 릭과 나는 이 '어르신'이 바로 '올람' 영원하신 하나님, 예전부터 계신 분을 상징하는 존재라고 확신했다.

어쨌든 하늘에서 내려온 투어 가이드가 방에 있는 불을 켜자 커다란 합판으로 만들어진 창문들을 장대로 열어 놓은 듯한 흔적이 눈앞에 펼쳐졌다. 그리고 방 전체가 환해지면서 이십오만에서 삼십만 명가량의 군중들이 보이기 시작했다. 그리고 그 어르신은 릭을 단상으로 인도했다.

미국의 각 세대들

"창 밖을 한번 내다보시오."

어르신은 동쪽을 가리키며 말했다. 릭이 창문 밖을 보니 여러 척의 배가 다가오고 있었다. 릭은 그 배가 순례자들이 탔던 것과 비슷하다고 여겼다. 그리고 정말 그랬다. 그 시대를 살았던 세대 가운데 삼천 명은 족히 넘는 사람들이 그 배에서 내렸고 건물 안으로 들어와 자리에 앉더니 하나님께 예배하기 시작했다.

"자, 이제 저쪽 창문들도 한번 보시오."

어르신은 다른 쪽에 있는 창문들을 가리키며 말했다. 릭이 그곳을 바라보니 거기에는 개척자들이 있었다. 긴 치마를 입고 보닛을 쓴 여인들과 황소들이 끄는 포장마차들, 그리고 그 시대를 풍미했던 여러 모습들이 창 밖을 통해 펼쳐지고 있었다.

그리고 이번에는 3, 4천 명 정도가 되는 개척자들이 순례자들이 그랬듯이 예배당 안으로 들어왔다. 그리고 그들이 들어서자마자 이미 들어와 있던 이전 세대들이 일어나 박수로 환호하며 이렇게 외치기 시작했다.

"잘했어요! 여러분들이 이루어 놓은 업적들 때문에 무척 고마워요. 이 꿈이 끝나지 않게 해 주어서 고마워요!"

모든 개척자들이 안으로 들어오자 이 두 세대가 함께 예배하기 시작했다.

또 얼마 동안의 시간이 지나고 난 후 그 어르신은 다시 이렇게 말했다.

"이번엔 저쪽 창문을 보실까요?"

이번에는 또 다른 세대가 예배당을 향해 다가오고 있었다.

"저들은 미국을 세운 사람들이지요. 길을 만들고 철도를 놓고 마을과 도시를 만든 사람들이에요."

다른 세대들이 그러했듯이 방 안으로 이들이 들어오자 안에 있던 이전 세대 사람들의 엄청난 박수갈채가 쏟아졌다. 그리고 모두가 함께 일어나 열정적으로 예배를 드리기 시작했다.

이러한 광경은 세 번이나 더 계속되었고 결국 여섯 세대가 모두 함께 한자리에 모였다. 이십만 명의 청중들은 더욱 더 깊이 예배 가운데 들어갔다. 릭은 나중에 이렇게 말했다.

"찬양 소리가 얼마나 큰지 건물 전체가 흔들릴 정도였어!"

그 순간 어르신이 다시 다가와 일곱 번째 창문을 가리켰고 릭이 그 곳을 본 순간 자동차와 트럭을 타고 우리 세대 사람들이 다가오는 모습이 보였다. 다른 세대들처럼 그들이 모임 안으로 들어서자 먼저 있던 이들은 더 큰 박수와 환호성을 보냈고 바로 이어서 모두 함께 마음을 다해 예배를 드리기 시작했다.

대표자들

미국의 일곱 세대가 함께 일어나 예배를 드리자 하나님을 찬양하는 소리로 그 건물이 흔들렸다. 그리고 잠시 후 어르신이 친구에게 다시 다가왔다.

"이 문 쪽을 한번 보시오."

어르신이 가리키는 곳을 보자 순례자 가운데 대표 한 명이 강단 중앙으로 걸어 들어와 미국을 향한 하나님의 계획과 목적들을 예언하기 시작했다. 그가 미국이 공동운명체임을 선포하는 동안 사람들은 조용히 귀를 기울였고 이야기를 마치자 다시 예배를 드렸다.

여섯 세대 모두 이런 식으로 미국을 향해 예언하고 선포하며 각각 예배를 드렸고 마침내 우리 세대 차례가 되었다. 그러자 지금까지의 방법과는 다른 상황이 연출되었다. 어르신이 친구에게 아주 심각한 표정으로 다가와 이런 질문을 던졌다.

"이 세대들이 모두 함께 이루어 내는 시너지의 자리에 들어올 준비가 되어 있나요?"

친구의 마음을 꿰뚫는 질문이었다.

여러분도 알다시피 이 제안은 내가 2001년에 처음 들었던 그 음성과 동일한 내용이었다. 그래서 놀라지 않을 수 없었다. 나는 이 꿈에 대해 듣다 말고 별안간 질문을 던졌다.

"이 꿈을 꾸기 전에 '세대가 이루어 내는 시너지 효과'에 대한 말을 다른 데서 들은 적이 있는가? 나한테서나 아니면 다른 사람에게서 말일세."

"전혀 들어 본 적이 없네."

릭이 이렇게 답하자 나는 아무 말 없이 그를 응시했다.

세대간의 시너지!

이 구절은 지금까지 미국의 각 세대가 보여 준 것처럼 다양한 세대들이 한마음으로 동의할 때 시너지가 일어난다는 뜻이다. 이렇게 우리 나라는 일곱 세대가 하나의 이야기 안에 역사를 이루어 가고 있었다.

시너지에 대한 언급뿐만 아니라 그 다음의 제안은 매우 의미심장해 보였다.

"이 안으로 들어올 준비가 되어 있나요?"

나는 하나님께서 미국의 모든 세대에게 동일한 질문을 던지고 계셨던 것은 아닐까 하는 생각이 들었다.

"이와 같은 제안에 함께 할 수 있겠느냐?"

각각의 세대가 각자 응답해야만 하는 질문 말이다. 여러분은 이런 부르심 앞에 응답할 준비가 되어 있는가? 하나님께서는 여러분을 필요로 하신다.

다시 꿈으로 돌아와 이 제안을 들은 릭은 어르신의 질문에 강한 어조로 대답했다.

"그럼요! 함께 할 준비가 되어 있습니다!"

그러자 어르신은 다음과 같이 말했다.

"그럼 저 문을 통해 걸어가서 당신의 세대를 대표하여 다른 지도자들과 함께 서시오!"

그런데 다른 세대들과는 달리 우리 세대를 대표하는 이들의 수는 어마어마했다. 그들 모두는 함께 방 안으로 행진하여 들어가 자리에 앉았다. 그리고 그 가운데 단 한 자리가 비어 있었다. 릭은 곧 단상으로 올라오는 다리 쪽을 바라보았다.

깃발

"더치, 자네가 마지막 사람이었어."

릭이 말했다. 그러자 등골이 오싹해지는 기분이 들었다.

"자네 역시 이 세대를 대표하는 사람이었어. 그런데 자네가 단상을 향해 걸어 들어오는 모습을 본 순간 다른 대표자들과는 다르다는 것을 알았지. 손에 무언가를 들고 있었거든. 아니나 다를까 자네가 가운데로 나아오는 순간 하얀색 깃발을 펼치더군."

나는 다음에 어떤 내용이 나올지 두려운 마음마저 들었다. 머릿속에서는 수많은 생각들이 스쳐 갔다.

'릭이 혹시나 내가 받았던 그 깃발에 대해 말하려는 것은 아닐까? '하늘에 호소하는 깃발' 말이야.'

그래서 그가 더 말을 이어 가기 전에 불쑥 질문을 던졌다.

"혹시 그거 '하늘에 호소하는 깃발' 아니었나?"

이번에는 릭이 놀랄 차례였다. 그는 꿈에서 한 번도 보거나 들어 본 적이 없는 그 깃발이 등장했고 친구인 나도 그 깃발에 대해 절대로 알 수 없을 것이라고 생각했기 때문이다.

"그래, 맞아! 자네가 어떻게 그 깃발을 알지?"

정말 믿을 수 없는 일이 일어나고 있었다.

"그 깃발에 상록수 그림이 들어 있었나?"

릭은 더 큰 충격을 받았다.

"자네가 그걸 어떻게 알았지? 이 꿈에 대해서 그 어느 누구와도 이야기한 적이 없는데!"

그리고는 자기 가방에서 '하늘에 호소하는 깃발'을 꺼내며 격앙된 어조로 말을 이어 갔다.

"이 깃발을 온라인에서 찾아서 자네에게 가져왔어!"

나는 미소를 지으며 대꾸했다.

"너무 늦었는걸! 이미 하나 가지고 있지."

나는 지금까지 내게 있었던 일들을 짧게 설명했고 너무나 놀란 이 친구의 꿈 이야기를 마저 듣기로 하였다.

"더치, 자네가 단상으로 올라오긴 했는데 다른 사람들처럼 미국의 운명에 대해 예언하는 대신 8자 모양으로 크게 그 깃발을 흔들기 시작하는 거야. 그렇게 십 분쯤 흔들고 난 뒤 사람들은 모두 다시 하나님을 예배하기 시작했어."

이 꿈의 내용은 매우 특별했다. '8'이라는 숫자는 무한대, 혹은 영원을 상징하는 것이다. 고대 약속이 체결될 때 피의 제사와 함께 약속을 맺은 각 사람들은 8자 모양으로 쪼개진 재물 사이로 걸어가는 의식을 치렀다. 왜 그랬을까? 우리가 보통 결혼식에서 '죽음이 우리를 갈라놓을 때까지'라는 구절을 통해 언약을 맺듯이 그 약속이 영원히 지속될 것을 바라며 맹세하는 의식을 가졌던 것이다. 아브라함 역시 창세기 15장에서 하나님과 언약을 할 때 이러한 의식을 치렀다.

꿈속에서 나는 '영원함'을 나타내는 상록수를 흔들며 미국이 하나님께 맺은 언약을 분명하게 강조하고 있던 것이다. 그 행위 자체가 말해 주는 의미는 다음과 같았다.

"우리는 언약의 능력을 믿어야만 합니다. 하나님께로 돌아가기만 하면 우리 대신 하나님께서 싸워 주실 것입니다. 우리 앞에 있는 거인들을 물리쳐 주실 것입니다."

이 깃발을 흔들면서 우리가 어디에서 비롯되었는지를 뚜렷하게 가리키고 있었다. 우리가 존재하는 목적, 부르심의 기반이 되는 그 뿌리로 돌아가자고 외치고 있었던 것이다. 그리고 이 꿈은 여전히 진행되고 있다. 깃발이 내는 소리는 아직도 울리고 있는 것이다.

이제 직접 찾아보지 않겠는가? 순례자들이 배를 타고 건너왔던 파도 치는 바다와 개척자들이 일구어 낸 먼지 덮인 철길, 그리고 수많은 이들이 피흘려 싸웠던 렉싱톤과 콩코드의 전투지역을 방문해 보는 것은 어떨까? 첫 번째 영적 대각성을 여러분에게 안겨다 준 조나단 에드워드와 조지 휫필드, 그리고 존 웨슬리의 설교집도 읽어 보라. 미국이 다시 '산 위의 빛나는 도시'가 될 것이라는 열정을 가지고 케인 릿지와 두 번째 영적 대각성에 대하여, 그리고 찰스 피니에 대해서도 읽어 보라. 오래된 이야기들에 대해 이야기하라! 그리고 그 안에서 꿈을 찾아보라!

영원한 메시지를 담고 있는 선조의 깃발이 휘날릴 때 이 나라가 다시 '하늘을 향해 호소'해야만 한다는 외침 역시 공중에 퍼져 나가고 있던 것이다. 오늘날 우리를 둘러싼 거인들을 물리치려면 그리고 하나님께서 우리에게 주신 운명을 다시 붙잡으려 한다면 겸손하게 하나님을 향해 부르짖어야 한다. 미국은 자유를 위한 싸움과 번영을 위해 이러한 자세를 견지해야 했다. 미국 독립혁명 당시 식민자 대표 회의에서 헌법을 수립하고자 했을 때 난항을 겪자 벤저민 프랭클린은 다음과 같은 호소문을 만들었다.

"지난 4주에서 5주 가까이 함께 모여 머리를 맞대며 얻게 된 작은 진전이라면 인간이 가진 이해력은 참으로 불완전하다는 사실입니다. 빛들의 아버지께로 겸손히 나아가 우리의 지각을 일깨워 달라고 왜 아직까지 단 한 번도 기도하지 않았을까요? 대영제국과 겨루기 시작할 무렵 위태로운 상황을 인지했을 때 하나님의 보호하심을 구하기 위해 날마다 이 방에서 기도했었지요. 그리고 우리 기도를 들으신 하나님께서 감사하게도 그 부르짖음에 응답해 주셨습니다. 이 싸움에 동참했던 우리 모두는 하나님의 개입으로 전세가 역전되는 상황을 자주 지켜볼 수 있었습니다. 그리고 하나님의 자비로운 섭리 안에서 앞으로 우리 나라에 지속적인 번영을 이루어 가는 데 필요한 조언을 마음껏 구할 수 있는 좋은 기회를 얻게 되었습니다. 그런데 지금 우리는 어떻습니까? 이 위대한 친구를 잊고 있는 것은 아닙니까?

지금까지 살아오면서 나이를 먹을수록 더욱 더 확실해지는 것이 있습니다. 그것은 바로 하나님께서 인간의 역사를 주관하신다는 사실입니다. 이것은 진리입니다. 하나님의 허락 없이 새 한 마리도 땅에 떨어지지 않는다면 어떻게 한 나라가 하나님의 도움 없이 설 수 있단 말입니까? "주님이 아니고서는 자신이 경영하는 것은 모두 허사이다."라는 성구에서도 확실히 알 수 있지 않습니까? 저는 이 사실을 굳건히 믿습니다. 하나님의 도우심 없이 우리 힘으로 이루어 내는 정치적인 성공이 바벨탑을 쌓는 것보다 더 낫다고 말할 수 있을까요? 결국 지역 이기주의로 분열하게 될 것이고 우리가 세운 계획은 물거품이 되고 말 것입니다. 우리 스스로를 비난하며 다가올 미래에 작별을 고하게 되지 않겠습니까?

그렇기 때문에 하늘의 도움을 간절히 바라는 기도를 위해 그 자리에서 일어나 움직이길 바랍니다. 우리의 모든 논의 가운데 하늘의 축복이 임하도록 기도합시다. 매일 아침 일을 시작하기 전에 각 지역의 목사님을 모시고 공식적으로 함께 모이도록 합시다."[14]

오늘날 정부 지도자들이 스스로를 낮추고 지혜를 구하기 위해 하늘을 향해 부르짖는다면 이 나라를 수립할 당시 도와주셨던 하나님의 손길을 동일하게 경험할 수 있을 것이다. 하나님께서 다시 이 일을 시작하려 하시니 감사할 뿐이다. 하나님께서 우리 나라를 다스려 주실 수 있도록 모두 함께 이 일에 동참하자!

추수할 때

릭은 자신이 꾸었던 꿈에 대해 다음과 같은 말로 마무리했다.
"시간이 어느 정도 지나서 자네가 깃발 흔들기를 멈추었다네. 그리고 미국을 향해 예언을 했지. 여섯 명의 다른 대표자들과 같이 말이네."

릭은 마지막 문장을 떠올리지 못했지만 나는 그것이 무엇인지 알 것 같았다.

"미국은 우리 조상들이 걸어왔던 그 길로 돌아가게 될 것입니다. 추수할 때가 되었기 때문입니다."

이렇게 꿈은 마무리되었다.

결국 이 꿈이 나에게 엄청난 영향을 미쳤다는 한 마디 말로 모든 표현을 대신하려 한다. 그 메시지는 나의 영혼 깊은 곳에 자리하며 오랫동안 믿어 왔던 바를 확증해 주었을 뿐만 아니라 전 시대를 통틀어 엄청난 추수의 때가 임박했음을 보여 주었다. 아기를 낳기 직전 산도가 열린 상태에서 마지막으로 힘을 주어야 하는 때가 다가왔다. 지금 당장은 그렇게 보이지 않을지 몰라도 미국은 마지막 추수의 때에 중요한 역할을 맡았다. 주님께서는 여전히 우리를 필요로 하신다.

준비하자!

깃발 아래 모이자! 하나님께서는 바로 이때를 위해 깃발을 부활시키셨다. 모든 사람이 보도록 힘차게 흔들자. 그리고 가슴속에 새겨 보자. 오늘날 우리를 위협하는 골리앗을 능히 쓰러뜨릴 수 있는 영적 혁명을 이루기 위해 날마다 하나님을 향해 부르짖자!

과거 이야기는 또한 여러분의 이야기이기도 하다. 그렇기 때문에 역사 속으로 뛰어들어야 한다. 어제와 오늘 그리고 영원한 시간 속의 위대하신 하나님을 묵상하며 여러분의 마음 가운데 부흥이 일어나기를 기도하자. 여러분은 모두 하나님의 팀에 속해 있으며 그분의 계획 가운데 있다. 하나님의 꿈을 같이 꾸고 있는 것이다.

싸울 준비를 하고서 링으로 올라서자. 양손에 '영원'과 '상록수'가 새겨진 권투 장갑을 끼고서 말이다! 이 권투 장갑이야말로 강력한 비밀 병기이며 결정적인 한 방으로 사용하기 위해 하늘에서 내려온 것이다. 우리는 모두 영원하신 하나님과 언약을 맺었다. 하나님의 능력이 곧 우리의 것이다! 그 힘을 마음껏 사용하자! 하나님의 은혜와 축복이 미국과 함께 하고 있음을 선포하라. 선조들이 걸어왔던 그 길로 우리 나라가 다시 걸어 들어가 추수의 때를 맞이하도록 믿음으로 선포하라. 하나님께서 하실 수 있음을 믿으라. 하나님께서 하실 것이라 믿으라.

모든 세대가 이루어 내는 시너지 가운데 빠져들 준비가 되어 있는가?

미주

서문

1. Adams, John. "Argument in Defense of the British Soldiers in the Boston Massacre Trials." December 4, 1770

2. Franklin, Benjamin. "Constitutional Convention Address on Prayer." June 28, 1787. Philadelphia, PA

본문

1. Adams, John. "Argument in Defense of the British Soldiers in the Boston Massacre Trials." December 4, 1770

2. Franklin, Benjamin. "Constitutional Convention Address on Prayer." June 28, 1787. Philadelphia, PA1. Ravenhill, Leonard, "Jonathan Edwards: Portrait of a Revival Preacher," Dayspring, 1963. 인용. www.ravenhill.org/edwards.htm 참고

2. Everlast Worldwide, Inc. "About Everlast." 2015. http://www.everlast.com/about

3. Lincoln, Abraham. "Proclamation: Appointing a Day of National Humiliation, Fasting and Prayer." March 30, 1863

4. Locke, John. The Second Treatise of Civil Government, "Chapter XIV, Of Prerogative, Section 168." 1690.

5. Winthrop, John. "A model of Christian Charity." 1630.

6. The Mayflower Compact. 1620.

7. Kennedy, John F. "The City Upon A Hill." Speech Given at Massachusetts General Court. January 9, 1961.
Reagan, Ronald. "We will Be a City Upon A Hill." Speech Given at the First Conservative Political Action Conference. January 25, 1974.
John Adams, Alexander Hamilton, George Washington, James Madison, Abraham Lincoln, Ulysses S. Grant, Woodrow Wilson, Calvin Coolidge, Franklin D. Roosevelt 와 Bill Clinton 역시 인용한 바 있다.

8. Naval History and Heritage Command. "The U.S. Navy's First Jack." U.S. Navy. Published December 17, 2014. www.history.navy.mil/browse-by-topic/heritage/banners/usnavy-first-jack.html

9. Gerald Murphy (The Cleveland Free-Net-aa300). "The Great Law of Peace, Gayanashagowa." The Constitution of the Iroquois Nations. Cybercasting Services Division of the National Telecomputing Network (NTPN) 배급. www.iroquoisdemoncracy.pdx.edu/hteml/greatlaw.html
1과: "나는 디카나위다이며 다섯 나라의 연맹 지도자들과 함께 위대한 평화를 이룰 나무를 심었다. 불씨를 지키던 이의 나라 오논다가의 아도다호흐와에 그것을 심었다. 그리고 그 나무 이름을 '위대한 잎사귀의 나무'라고 지어 줬다."
64과: "나, 디카나위다와 연맹체 지도자들은 가장 큰 소나무 아래 구덩이를 파서 전쟁 때 사용했던 모든 무기들을 묻었다. 우리가 알지 못하는 지역, 이 땅의 가장 깊은 곳에, 지하수가 흘러가는 저 깊은 곳에 전쟁에 사용했던 무기들을 모두 묻어 두었다. 그것들이 눈 앞에서 사라지게 한 후 그곳에 다시 나무를 심었다. 이제 위대한 평화가 임하고 더 이상 다섯 국가 가운데 싸움은 없을 것이다. 이 평화가 우리를 하나로 엮어 줄 것이다."

10 Franklin, Benjamin. Letter to James Parker on the Iroquois League. 1751. www.smithsoniansource.org/display/

primarysource/viewdetails.aspx?PrimarySourceld=1198

Feathers, Cynthia and Feathers, Susan. :Franklin and the Iroquois Foundations of the Constitution." The Pennsylvania Gazette. January 5, 2007. http://www.upenn,edy/gazette/0107/gaz09.html

11. U.S. Department of State: Office of the Historian. "Albany Plan of the Union, 1754." https://history.state.gov/milestones/1750-1775/albanyplan

12. Unite States Senate. "H. Con. Res. 331." 100th Congress, 2nd Session. October 5, 1988. http://www.senate.gov/reference/resources/pdf/hconres331.pdf

13. 미국 독립선언서, July 4, 1776.

14. Franklin, Benjamin. "Constitutional Convention Address on Prayer." June 28, 1787. Philadelphia, PA.

주님께 강청하오니

지은이 더치 쉬츠
펴낸이 김혜자
옮긴이 김현경
1판 1쇄 2015년 7월 12일
등록번호 제16-2825호 | 등록일자 2002년 10월
발행처 | 다윗의 장막 미디어
주소 | 서울시 강남구 역삼로98길 28
전화 | 02)3452-0442
팩스 | 02)6910-0432
www.ydfc.com
www.tofdavid.com

값 6,000원
ISBN 9788992358934(03230)　　　(CIP　2015015631)
* 잘못된 책은 바꿔 드립니다.

다윗의 장막미디어는 영적 부흥과 영혼의 추수를 위해 책, CD, Tape, 영상물들의 매체를 통해
하나님 나라가 가정, 사업, 정부, 교육, 미디어, 예술, 교회로 확장되는 비전으로 나아가고 있습니다.